AF569310

Jo Eckardt

Doch die Liebe bleibt

Ein Begleiter
durch die Zeit der Trauer und
des Abschiednehmens

SCORPIO

»Ich werde still sein,
doch mein Lied geht weiter.«

Mascha Kaléko

Inhalt

Einstieg

Sie haben einen geliebten Menschen verloren

Ein Mensch, der Ihnen viel bedeutet hat und der ein wichtiger Teil Ihres eigenen Selbst war, ist nicht mehr da. Das ist schwer auszuhalten. Während die Welt sich weiterdreht und alles seinen Gang geht, scheinen Sie zurückzubleiben, den Anschluss zu verlieren und vielleicht sogar am Leben zu verzweifeln. Der Verlust schmerzt so sehr.

Vielleicht sagen Außenstehende nach einiger Zeit: »Schau nach vorne, du musst langsam drüber wegkommen.« Doch Sie können an kaum etwas anderes denken. Das ist normal und richtig so. Denn das Gefühl, dass der geliebte Mensch nicht vergessen wird, dass er in der Erinnerung weiterlebt, lindert Ihren Schmerz.

Genau hier setzt dieses Buch ein: Es soll Ihnen helfen, die Beziehung zu der oder dem Verstorbenen fortzuführen, wenn auch in veränderter Form. Denn die Liebe bleibt. Sie sind eingeladen, der geliebten Person ein Denkmal zu setzen und sie so gleichsam festzuhalten. Gleichzeitig will es Ihnen helfen, einen Weg zu finden, der die Vergangenheit einschließt und doch nach vorne gerichtet ist, zurück ins Leben.

Dabei wählen Sie Ihren ganz persönlichen Weg, denn wann und wie oft Sie sich mit der Trauer auseinandersetzen, welche Fragen Sie beantworten wollen und welche nicht und ob Sie dieses Buch ganz für sich nutzen oder mit anderen teilen wollen, das entscheiden Sie ganz alleine. Am Ende entsteht ein sehr persönliches Buch, das Sie in einer schweren Zeit begleitet hat und gleichzeitig ein Behältnis ist, in dem Sie Ihre Liebe bewahren und Zeugnis ablegen über den Menschen, der Ihnen so wichtig war.

Wie Sie dieses Buch nutzen können

Sie selbst gestalten dieses Buch – ganz nach Ihren Wünschen und Bedürfnissen. Dabei sollten Sie Ihrem Gefühl vertrauen und nur die Dinge bedenken und notieren, denen Sie sich wirklich gewachsen fühlen. Die Beantwortung so mancher Frage wird Ihnen vielleicht sehr schwerfallen. Wahrscheinlich werden Sie sich manchmal sogar trauriger fühlen als vorher. Leider gibt es keinen »einfachen« oder schmerzlosen Weg durch die Trauer. Doch im Allgemeinen können Sie davon ausgehen: Zugelassene Trauer ist gesund und heilend.

Manchmal fordere ich Sie auf, sich etwas vorzustellen, was Sie sich gewünscht hätten, was aber in Wirklichkeit nicht passiert ist. Womöglich sagen Sie dann: »Das möchte ich nicht, das ist zu traurig. Was soll das bringen?« Ja, es kann sehr schmerzhaft sein, sich zu vergegenwärtigen, was hätte sein können. Aber zum einen können solche »fantasierten« Gespräche oder Begegnungen helfen, das Geschehen aus einem anderen Blickwinkel zu betrachten und Einsichten zu erlangen, die einem sonst nicht so schnell gekommen wären. Zum anderen unterscheidet das Gehirn nicht, ob ankommende Bilder aus der Realität stammen oder aus der Vorstellung. Deswegen gerät es immer noch unter Stress, wenn schreckliche Erinnerungen kommen, obwohl es doch wissen müsste, dass die Bilder vergangen sind. Wenn Sie sich aber positive, tröstende Szenen und Begegnungen vorstellen und immer wieder einüben, dann reagiert das Gehirn, als ob diese wirklich passiert seien: Stresshormone werden abgebaut, die Physiologie beruhigt sich, Sie empfinden Trost!

Wagen Sie den Versuch! Blättern Sie das Buch einfach durch und fangen Sie irgendwo an. Sie können zuerst den theoretischen Teil am Ende des Buches lesen oder gleich mit den Fragen anfangen. Nehmen Sie das Buch so oft oder so selten zur Hand, wie es Ihnen richtig erscheint. Ignorieren Sie Fragen, die Ihnen nicht ganz passend erscheinen, oder überkleben Sie diese mit Bildern oder Fotos. Lassen Sie sich von Ihren Bedürfnissen und von Ihrer Liebe leiten.

Scheuen Sie sich aber auch nicht, andere um Hilfe zu bitten. Wenn Sie gar nicht mehr weiterwissen, keine Kraft mehr aufbringen, für sich oder Ihre Kinder zu sorgen oder Sie von suizidalen Gedanken gequält werden, dann wenden Sie sich bitte an Menschen, die Ihnen helfen können. Denn so persönlich und individuell Trauer auch sein mag, am Ende ist der Kontakt zu anderen, lebenden Menschen der entscheidende Faktor dabei, wieder ins Leben zurückzufinden.

Einen Anfang finden

Das heutige Datum: ....

→ Beschreiben Sie kurz, wie es Ihnen seit dem Tod der geliebten Person ergangen ist. Welche Gedanken, welche Geschehnisse bestimmen Ihren Alltag? Was erhoffen Sie sich vom Schreiben dieses Buches? Alternativ können Sie auch Fotos oder andere Dinge hier einkleben, um einen passenden Einstieg in dieses Buch zu finden.

Sie können Fotos hier einkleben

→ Welche »Aufgaben« stehen in nächster Zeit an? Notieren Sie hier, was Sie erledigen wollen oder auch müssen. Überlegen Sie dann, wen Sie um Hilfe bitten können. Machen Sie eventuell auch einen Notfallplan, wen Sie kontaktieren können oder welche Schritte Sie unternehmen wollen, wenn Sie nicht mehr weiterkönnen.

Zur Person

In diesem Abschnitt geht es um den Menschen, der gestorben ist. Vielleicht ist er Ihnen im Moment so nahe, dass Sie nicht das Gefühl haben, ihn beschreiben zu müssen. Sie werden ihn sicherlich nie vergessen. Beantworten Sie dennoch die folgenden Fragen.

→ **Was haben Sie ganz besonders an der verstorbenen Person geliebt, und was machte das Einzigartige an ihr aus? Was bedeutete sie für Sie?**

→ Wie sah die geliebte Person aus? Beschreiben Sie sie oder kleben Sie hier Ihr Lieblingsfoto von ihr ein!

→ Welche Lebensstationen waren wichtig? Notieren Sie einige wichtige Daten und Ereignisse aus dem Leben des geliebten Menschen.

Sie können Fotos hier einkleben

→ Was war, soweit Sie das einschätzen können, die glücklichste Zeit der verstorbenen Person? Schreiben Sie darüber!

→ Gibt es eine Geschichte (das kann eine Erinnerung, ein Lebenstraum oder eine denkwürdige Begegnung sein), die der geliebte Mensch besonders gern erzählte? Halten Sie sie fest!

→ Welche Wünsche und Träume, welche Hoffnungen und Ziele hatte die geliebte Person und welche davon konnte sie verwirklichen? War sie auf etwas besonders stolz?

→ Was mochte die geliebte Person gerne? (Hobbys, Talente, Lieblingsautoren, Musik, Orte – was immer Ihnen einfällt.) Was genau mochte sie an diesen Dingen?

→ Welche Stärken und Schwächen hatte die Person?

→ Gab es schwierige Zeiten? Welche waren das? Wie wurden sie gemeistert? Wie wurde der geliebte Mensch mit Enttäuschungen, Krisen oder Schicksalsschlägen fertig?

→ Welche anderen Menschen waren im Leben der geliebten Person wichtig, und was war das Besondere an der jeweiligen Beziehung?

→ Was sagen andere Menschen über die oder den Verstorbene/-n? (Wenn Sie nicht sicher sind, bitten Sie Freunde oder Verwandte um Briefe oder Texte über die Person, die Sie hier anheften können.)

→ Gibt es eine Erinnerung, die Ihnen besonders wichtig ist? Das kann das Lächeln der verstorbenen Person sein, eine Berührung oder ein gemeinsames Erlebnis. Halten Sie es hier – als Erzählung, Zeichnung oder Foto – wie in Bernstein eingefangen für immer fest:

Sie können Fotos hier einkleben

Gemeinsames

Die geliebte Person war für Sie vermutlich mehr als der Mensch, den Sie bis jetzt beschrieben haben. Wahrscheinlich war sie gleichzeitig auch ein Teil von Ihnen! Die Beziehung, die zwischen Ihnen bestand, hat Sie beide geprägt und zu den Menschen gemacht, die Sie waren. Ohne die oder den Verstorbene/-n ist Ihre eigene Person, so empfinden Sie vielleicht, nicht mehr vollständig. Niemand wird jemals diese gleiche Position wieder einnehmen können. Sie haben nun Gelegenheit, das Besondere und Einmalige dieser Beziehung zu beschreiben, um sie auf dem Papier für immer festzuhalten.

→ **Wie und wann haben Sie den geliebten Menschen kennengelernt? Beschreiben Sie das erste Kennenlernen (beim Partner), die Geburt des Kindes (wenn ein Kind gestorben ist), die gemeinsame Kindheit (bei Geschwistern) oder einfach die erste Zeit des Zusammenseins.**

→ Wie hat sich Ihre Beziehung im Laufe der Zeit entwickelt?

→ Hatten Sie und der/die Verstorbene Kosenamen füreinander? Was haben Sie einander bedeutet?

→ Manchmal sind es die kleinen Dinge, die man besonders vermisst. Wie geht es Ihnen im Alltag, wann schmerzt die Abwesenheit der geliebten Person besonders? Welche kleinen Rituale und Gewohnheiten fehlen?

→ Wo waren Sie gemeinsam am glücklichsten, welchen Moment würden Sie gerne noch einmal erleben? Welche Erinnerung wollen Sie niemals vergessen?

→ Wie hätte sich die Beziehung entwickeln können, wo hätten Sie sich gerne in ein, zwei, zehn oder zwanzig Jahren gesehen? So schmerzlich der Gedanke daran ist, so ist dieser Traum einer gemeinsamen Zukunft Teil dessen, worum Sie trauern.

→ In welchen besonderen Situationen haben Sie einander beigestanden? Wann waren Sie füreinander da?

→ Gab es neben den Höhen auch Tiefen in Ihrer Beziehung? (Falls ein Konflikt bis zum Ende nicht beigelegt werden konnte, ist dies oft besonders schwierig für die Hinterbliebenen. Schreiben Sie in dem Fall davon, wie Sie den Konflikt gerne gelöst hätten!)

→ Welche Ratschläge, Wünsche oder Hoffnungen hat der verstorbene Mensch Ihnen mit auf den Weg gegeben? Wie würde er Sie im Moment unterstützen?

→ Ist Ihnen seit dem Tod etwas besonders Schlimmes oder auch etwas Schönes passiert, worüber Sie gerne mit der geliebten Person geredet hätten? Erzählen Sie ihr davon!

→ Gibt es noch etwas, was Sie über Ihre Beziehung schreiben wollen?

Letzte Momente

Es fällt uns schwer, den Tod zu begreifen. Ein Mensch, der eben noch geatmet, gelebt und empfunden hat, hört plötzlich auf zu existieren – wie kann das sein? Viele Trauernde bleiben in ihren Gedanken bei dem schrecklichen Moment des Todes stehen, stecken vielleicht sogar in einer Dauerschleife von furchtbaren Bildern oder Erinnerungen fest, umso mehr, je plötzlicher oder sogar gewaltsam der Tod war. Andere wiederum wollen gar nicht an den Tod denken.

Zwingen Sie sich hier zu nichts, überspringen Sie diesen Abschnitt, wenn Sie mögen, aber bedenken Sie auch, dass schreckliche Erinnerungen erst dann ihre Macht verlieren, wenn wir sie »zu Ende« denken, also nicht im furchtbarsten Moment abbrechen, sondern die »Erlösung« miteinbeziehen. Denn viele Sterbende erfahren im Moment des Todes eine solche Erlosung: Der Schmerz hört auf, ein letztes Glücksgefühl durchströmt den Körper, der Tod wird angenommen und begrüßt.

→ **Wann, wo und wie starb der geliebte Mensch? (Datum, Uhrzeit, Ort)**

→ Welche Umstände gingen an dem Tag voraus? Wo waren Sie? Welche Personen waren anwesend?

→ Welche Ängste, Hoffnungen und Wünsche hatte die oder der Verstorbene in Bezug auf den Tod?

→ Beschreiben Sie, falls Sie darüber Bescheid wissen, den letzten Moment. (Gab es letzte Worte? Wie hat die geliebte Person den Tod wahrscheinlich empfunden?)

→ Sterbende erleben oft unmittelbar vor dem Tod ein Gefühl des Trostes oder des Friedens. Welche tröstenden letzten Gedanken könnte der oder die Verstorbene gehabt haben? Welche besonders schöne Szene aus ihrem Leben könnte ihr in den Sinn gekommen sein?

→ Wie und wann haben Sie von dem Tod erfahren – wer hat Ihnen die Nachricht überbracht? Was war Ihre erste Reaktion?

→ Mussten Sie bezüglich einer Autopsie, Obduktion oder Organspende eine Entscheidung treffen? Was bedeutete das für Sie?

→ Gibt es dritte Personen, die tatsächlich oder möglicherweise für den Tod verantwortlich sind? Was empfinden Sie diesen Personen gegenüber?

→ Werfen Sie dem oder der Toten eine Mitschuld am Tod vor? (Falls die Person durch Suizid gestorben ist, lesen Sie bitte das nächste Kapitel. Doch auch bei einem natürlichen Tod ist es ganz normal, wütend auf die verstorbene Person zu sein, dass sie gegangen ist.) Seien Sie nachsichtig mit sich!

→ Fühlen Sie sich vielleicht selber schuldig? (Ja, auch das ist eine ganz normale Reaktion nach einem Verlust. Wir Menschen tendieren dazu, die Schuld bei uns zu suchen, ganz egal, was passiert ist.)

→ Was hätten Sie gerne anders gemacht?

→ Lesen Sie sich die Antwort auf die vorige Frage noch einmal durch. Was würde der/die Verstorbene wohl dazu sagen?

→ Alle Gefühle, die im Zusammenhang mit dem Tod entstehen, sind richtig und sinnvoll. Bewerten Sie sie nicht, sondern lassen Sie sie zu. Aber überlegen Sie auch, wie Sie Wut oder Schuldgefühle überwinden können. Welche Worte, Handlungen oder Gesten könnten symbolische Erleichterung bringen? Mit wem könnten Sie über Ihre Gefühle reden? Wer oder was könnte helfen?

→ Möchten Sie noch etwas über den Tod schreiben?

→ Erlauben Sie sich einmal – ganz unabhängig von Ihrem Glauben – vorzustellen, dass die verstorbenen Seelen sich einen Platz aussuchen können, an dem sie jetzt wohnen wollen. Welchen Platz hätte sich die Person, um die es hier geht, ausgesucht? Beschreiben Sie den Ort ausführlich, bis Sie ihn gut vor sich sehen können. Prägen Sie sich dieses Bild der geliebten Person an »ihrem« Ort ein, sodass Sie es jederzeit wieder aufrufen können.

Bei Suizid

Wenn ein Mensch freiwillig sein Leben beendet, ist dies für die Hinterbliebenen eine besondere Herausforderung. Wie soll man das verstehen? Verzeihen? Das Risiko steigt, dass man eine traumatische oder erschwerte Trauer erlebt. Dies trifft ganz besonders im Fall des sogenannten »Bestrafungssuizids« zu, wenn der Tod mit einer Art Beschuldigung einhergeht (»Niemand war für mich da!«). In dieser Situation denken viele Betroffene selbst daran, ihrem Leben ein Ende zu setzen. Holen Sie sich, wenn dies auf Sie zutrifft, unbedingt professionelle Hilfe!

Dabei ist jede Situation so speziell und komplex, dass wenige Seiten kaum ausreichen können, um sie aufzufangen. Ich möchte dennoch einige Fragen formulieren, um Ihnen einen Eindruck zu geben, in welche Richtung die »Aufarbeitung« eines Suizids gehen könnte.

→ **Manche Menschen leiden am Leben und halten es kaum aus. Können Sie sich vorstellen, wieso Ihrem geliebten Menschen das Leben unerträglich erschienen ist? Worunter litt er so?**

→ Was hätten Sie gerne im letzten Moment gesagt, um sie oder ihn von dem schrecklichen Vorhaben abzubringen?

→ Stellen Sie sich nun vor, Sie hätten diese Worte tatsächlich gesagt. Was glauben Sie hätte sich geändert?

→ Durch die überwältigenden Gefühle, die ein Suizid nach sich zieht, sind Sie vielleicht für lange Zeit mit der verstorbenen Person aufs Innigste verbunden. Doch wieso fühlen Sie derart intensiv? Ist das nicht so, weil Sie lieben? Schreiben Sie hier über Ihre Gefühle und wie sie mit der Liebe verbunden sind. Denn die Liebe ist es doch, die Bestand haben wird, oder nicht?

→ Bei dem Wort Schicksal denken wir normalerweise an eine Art Vorbestimmung, der man nicht entrinnen kann. Dabei kann jeder Mensch selbst entscheiden, welchen Weg er gehen will. Ihr geliebter Mensch hätte also auch anders entscheiden können! Sie hätten ihm sicherlich ein ganz anderes »Schicksal« gewünscht! Doch am Ende hat er oder sie sich entschieden, hat sich das Schicksal selbst gewählt. Im Nachhinein bekommt das Wort Schicksal eine neue Bedeutung: Es war **nicht** vorbestimmt, aber es ist unwiderruflich. Schreiben Sie hier auf, welches »Schicksal« Ihr geliebter Mensch für sich ausgesucht hat.

Abschied nehmen

Oft kommt der Tod unerwartet. Doch selbst wenn er sich angekündigt hat, verpassen wir meist den Moment, an dem man sich verabschieden könnte. Oder der Abschied erscheint uns im Nachhinein unbefriedigend und unvollständig.

Auch wenn das Versäumte nicht nachzuholen ist, bietet der folgende Abschnitt die Möglichkeit zu einem symbolischen Abschiednehmen. Wenn das Thema Abschied Ihnen jedoch zu große Schmerzen bereitet, heben Sie sich dieses Kapitel für einen späteren Zeitpunkt auf.

→ **Beschreiben Sie Ihre letzte Begegnung! Gab es einen Abschied?**

→ Welche letzten Worte hätten Sie gerne gesagt? Hätten Sie sich gerne für etwas bedankt oder entschuldigt? Welche letzten Worte hätten Sie gerne gehört?

→ War der Tod in gewissem Sinne eine »Erleichterung« für Sie? Fällt es Ihnen schwer, dies zuzugeben?

→ Gibt es ungelöste Konflikte oder Dinge, die Sie einander nicht verziehen haben? Wie geht es Ihnen jetzt damit?

→ Wie hätten Sie die letzten Wochen oder Monate gestaltet, wenn Sie gewusst hätten, dass es die letzten sind? Gibt es Unternehmungen oder Gespräche, die Sie gerne noch geführt hätten? Wieso ist es dazu nicht mehr gekommen?

→ Gibt es Worte, die Sie gesagt oder Dinge, die Sie getan haben, die Sie jetzt bereuen? Was müsste passieren, damit Sie sich selbst vergeben können bzw. damit Sie aufhören, sich Vorwürfe zu machen?

→ Was hat der oder die Verstorbene Ihnen zum Schluss – ausdrücklich (z. B. in Form eines Abschiedsbriefes) oder auch indirekt mit auf den Weg gegeben? Welche Botschaft, welche guten Wünsche begleiten Sie?

→ Welche Erinnerung haben Sie an die Zeit zwischen Tod und Begräbnis? Gab es eine Aufbahrung und somit die Möglichkeit zum Abschiednehmen? (Falls es keine Leiche gibt, ist dies besonders schwer zu verarbeiten, und Sie brauchen eventuell Unterstützung dabei.)

→ Schreiben Sie Ihrem lieben Menschen einen Abschiedsbrief!

Das Grab

Das Begräbnis ist eine weitere Form des Abschieds. Doch oft erleben die Hinterbliebenen dieses Ereignis wie in Trance oder sie fühlen sich hinterher noch einsamer und enttäuschter als zuvor. Andere wiederum haben das Glück, durch eine angemessene und bewegende Trauerfeier Trost und Unterstützung zu finden. Wie ist es Ihnen ergangen?

→ **Wann, wo und mit welchen Personen fand das Begräbnis oder die Einäscherung statt?**
(Wenn kein Begräbnis stattfand bzw. Sie nicht dabei gewesen sind: Was bedeutet das für Sie?)

→ Welche Blumen, Kränze, Predigten, Reden gab es?

→ Was hat Ihnen am Begräbnis gefallen, was hat Sie gestört?

→ Kleben Sie hier die Todesanzeige ein.

→ Beschreiben Sie das Grab oder kleben Sie ein Foto davon ein.

Sie können Fotos hier einkleben

→ Entspricht das Begräbnis und das Grab Ihrer Meinung nach den Wünschen der verstorbenen Person?

→ Gibt es Pläne für eine Gedenkstelle (vielleicht ein Kreuz am Unfallort, ein neu gepflanzter Baum im Park)?

→ Alte Kulturen pflegten Beilagen mit ins Grab zu geben. Was haben oder hätten Sie der geliebten Person gerne mit ins Grab gelegt?

→ Wer war nach dem Tod besonders hilfreich oder zeigte eine besondere Verbundenheit dem oder der Toten gegenüber? Wer hat gar nicht reagiert?

→ Welche Gefühle erleben Sie, wenn Sie über das Begräbnis schreiben?

→ Hier ist Platz für weitere Erinnerungen (eine Rede, eine getrocknete Blume, ein Foto ...)

Sie können Fotos hier einkleben

Andenken

Gegenstände, die noch vor Kurzem nebensächlich waren, haben plötzlich überwältigende Bedeutung: der Schlüsselbund des oder der Verstorbenen, das Kuscheltier des Kindes, das Rasierzeug des Ehemannes, die Wanderschuhe für den Urlaub, die nicht mehr benötigte Zahnbürste. Hinterbliebene bringen es oft lange nicht über sich, sich von solchen Gegenständen zu trennen. Und warum auch, wenn die Trauernden nicht noch mehr verlieren wollen!

Es gibt aber auch Menschen, die den Anblick von solchen Gegenständen nicht ertragen und so schnell wie möglich alles ausräumen. Auch das ist verständlich. Doch um späterer Reue vorzubeugen, ist es ratsam, sich erst einmal Zeit zu lassen.

→ **Wie wollen oder sind Sie verfahren?**

→ Welche Dinge waren der geliebten Person besonders wichtig? Gibt es eventuell auch ein Haustier, an dem sie hing?

→ Hat die verstorbene Person etwas gesammelt? Wenn ja, wo sind diese Dinge jetzt?

→ Wenn ein Testament vorhanden ist, regeln sich manche Dinge von alleine. Aber manchmal gibt es trotzdem Streit. Wie ist es in Ihrem Fall?

→ Welche Dinge, die nicht in Ihrem Besitz sind, hätten Sie gerne bekommen?

→ Gibt es Geschenke, die Sie sich gegenseitig gemacht haben und die für Sie von großer Bedeutung sind?

→ Gibt es persönliche Dinge, die Sie unbedingt aufbewahren wollen, um sie in besonderen Momenten zur Hand nehmen zu können?

→ Gibt es eine Organisation, einen Verein oder eine Stiftung, bei der Sie im Namen des verstorbenen Menschen eine Spende machen möchten (z. B. in Form von Wertgegenständen oder Kleidungsstücken)?

→ Nutzen Sie diesen Platz für Andenken (Briefe, Eintritts- oder Fahrkarten, Fotos, Zeugnisse ...)

Sie können Fotos hier einkleben

Sie können Fotos hier einkleben

Gefühle

In diesem Abschnitt geht es ganz allein um Sie und um Ihre Gefühle! Am Ende dieses Buches können Sie nachlesen, welche unterschiedlichen und widersprüchlichen Empfindungen während der Trauer auftreten können. Dabei ist es mir wichtig zu betonen: Es gibt kein »richtiges« Trauern. Jeder Mensch reagiert anders in seinem Schmerz. Und doch sind alle Ihre jetzigen Gefühle Teil eines Prozesses, der nicht anhält, sondern vielmehr in ständiger Bewegung ist. In zwei Jahren werden Sie anders empfinden als jetzt. Dies ist keine Garantie, dass der Schmerz nachlässt oder dass Sie sich abfinden werden mit dem, was geschehen ist. Aber ein Schock ist schon per Definition etwas Einmaliges, das nach dem ersten Erschrecken abklingt (wenn er auch lange nachklingen kann). Dann wieder kommt es zu Rückschlägen. Ein solches Auf und Ab ist ganz normal. Besonders zu Jahrestagen kann es zu solchen Tiefs kommen.

Die folgenden Fragen sollen Ihnen helfen, sich selbst Klarheit über die eigenen Gefühle zu verschaffen und Ansätze zu finden, wie Sie sich helfen können.

→ **Wie empfinden Sie Ihre Trauer? Welche Trauersymptome (Schlafstörungen, Schock, Essstörungen, körperliche Schmerzen, Beklemmungen, Atemnot, Verzweiflung, Ängste, Leere, Apathie, Wut usw.) erkennen Sie an sich?**

→ Welches Bild (»in einem schwarzen Loch«, »unter einem Berg begraben« oder Ähnliches) drückt Ihr momentanes Gefühl am besten aus? Wenn Sie körperlichen Schmerz empfinden, wo sitzt er?

→ Haben Sie seit dem Tod Phasen der Besserung und darauffolgende Rückschläge erlebt? Beschreiben Sie den bisherigen Verlauf Ihrer Gefühle.

→ Haben Sie schon einmal daran gedacht, sich selbst das Leben zu nehmen? Die meisten Trauernden haben solche Gedanken, sei es aus purer Verzweiflung oder einfach aus dem Wunsch heraus, der verstorbenen Person wieder nah zu sein. Schreiben Sie hier auf, welche Schritte Sie unternehmen wollen, wen Sie kontaktieren können, falls solche Gedanken konkret zu werden drohen!

→ Gibt es bestimmte Bücher, Musik oder auch Gedanken, die Ihnen helfen oder aber Ihnen besonders zu schaffen machen?

→ Weinen Sie häufig oder trauern Sie ohne Tränen? Wie gehen Sie sonst mit Ihrer Trauer um?

→ Fällt es Ihnen schwer, mit anderen Trauernden zusammen zu sein, oder unterstützen Sie sich gegenseitig, indem Sie über den Tod, Ängste, Trauer und Sorgen reden? Welche Worte oder Gesten von anderen Menschen haben Ihnen geholfen?

→ Gibt es Momente, in denen Sie nicht an die geliebte Person denken? Empfinden Sie die Vorstellung, dass Sie eines Tages ihren Tod überwunden haben könnten, als Verrat oder wünschen Sie diesen Tag herbei?

→ Bringt der Tod der geliebten Person auch andere, materielle Verluste (z. B. die finanzielle Absicherung oder den Verlust der Wohnung) für Sie mit sich?

→ Ist Ihr Vertrauen in die Gerechtigkeit oder auch in das Schicksal verloren gegangen? Wie hat sich Ihr Weltbild durch den Todesfall verändert?

→ Akute Trauer rührt oft vergangene Trauer wieder auf. Wir sind uns gar nicht immer klar darüber, welche früheren, unverarbeiteten Schmerzen wir noch in uns tragen (verstorbene Großeltern, Haustiere, Verluste durch Umzüge, geendete Beziehungen zählen auch dazu). Welche früheren Verluste haben Sie erlebt, und wie könnte sich dies auf Ihre jetzige Situation auswirken?

→ Was bedeutet »Verlust« für Sie? Lassen Sie das Wort nachklingen und schreiben Sie auf, welche Gedanken aufkommen.

→ Welche Gefühle machen Ihnen besonders zu schaffen? Gibt es Gefühle, für die Sie sich schämen? Denken Sie daran: Es gibt für Gefühle immer einen guten Grund! Erlauben Sie sich die Bandbreite Ihrer Gefühle – sie dürfen sich auch widersprechen, das ist völlig normal.

→ An wen könnten Sie sich wenden, wenn Sie Hilfe benötigen?
(Erkundigen Sie sich z. B. nach Selbsthilfegruppen für Hinterbliebene in Ihrer Stadt, fragen Sie Freunde, ob sie in der Not einspringen würden! Notieren Sie hier mindestens drei Namen und Telefonnummern.)

→ Welche Bedeutung hat Religion oder Gott für Sie?
Hat sich etwas an Ihrer Beziehung zu Gott oder an wen oder was auch immer Sie glauben durch den Tod geändert?

→ In den Träumen Hinterbliebener tritt oft die oder der Verstorbene auf. Das empfinden manche als großen Trost, für andere ist die Enttäuschung beim Aufwachen fast unerträglich. Um welche Themen geht es in Ihren Träumen, und wie geht es Ihnen dabei?

→ Welchen Traum würden Sie in Bezug auf die geliebte Person gerne träumen? Schreiben Sie ihn hier auf (vielleicht materialisiert er sich ja dann tatsächlich).

Resilienz

Resilient zu sein bedeutet, die Kraft zu haben, sich von Schicksalsschlägen und traumatischen Erlebnissen zu gegebener Zeit wieder erholen zu können. Dies fällt manchen Menschen leichter als anderen, denn nicht jeder bekommt Offenheit, Neugier, Talent, Ausgeglichenheit und Optimismus mit in die Wiege gelegt. Andere Eigenschaften, die Resilienz stärken, werden mit der Zeit erlernt bzw. erworben (oder eben auch nicht): Urvertrauen, Empathie mit anderen und mit sich selbst, Selbstbewusstsein, Humor, ein soziales Netzwerk, die Fähigkeit, sich auf intensive Beziehungen einzulassen und zu lieben, Verantwortungsbewusstsein, Hilfsbereitschaft, Durchhaltevermögen, Anpassungsfähigkeit, der Glaube an einen Sinn, die Gewissheit, selbst etwas bewirken zu können. Je mehr dieser Stärken und Ressourcen einem Menschen zur Verfügung stehen, umso leichter wird er nach einem Tiefschlag wieder aufstehen und sich neu zusammensetzen können.

Am Anfang der Trauer nützt Resilienz allerdings wenig, denn den ersten Schock und den tiefen Schmerz kann sie nicht verhindern. Doch im Lauf der Zeit profitieren Hinterbliebene von resilienten Eigenschaften immer mehr. Diese bewirken, dass die Betroffenen etwas rascher wieder Hoffnung schöpfen, neuen Lebenswillen entwickeln und sich dem Leben wieder stellen können. Auch Sie haben diese Stärken und Ressourcen, auch wenn Sie diese im Moment gar nicht wahrnehmen können. In diesem Kapitel möchte ich Ihnen helfen, Ihre Stärken zu entdecken und eventuell auch auszubauen.

→ Können Sie einige der eben genannten Stärken und Ressourcen bei sich entdecken? Führen Sie hier alle resilienten Eigenschaften auf, die auf Sie zutreffen.

→ Welche Hilfsmittel stehen Ihnen von außen zur Verfügung (Freunde, Netzwerk, gute medizinische Versorgung, verständnisvolle Seelsorger, finanzielle Mittel, Freude an der Natur oder an Kunst, freie Zeit etc.)? Lassen Sie etwas Platz, denn es werden Ihnen später bestimmt noch weitere Dinge einfallen.

→ Über welche resilienten Stärken verfügte die verstorbene Person? Können Sie sich von ihr inspirieren lassen?

→ Wäre es nicht schön, wenn Sie jederzeit eine kleine Ermunterung oder ein Symbol Ihrer Stärke bei sich tragen könnten? Werden Sie kreativ! Laminieren Sie ein Lieblingsgedicht oder eine »Affirmation«, suchen Sie sich einen kleinen Talisman, stellen Sie kleine Kärtchen mit Namen Ihrer Freunde oder mit Ihren besonderen Stärken her und tragen Sie das, was Sie sich ausgesucht haben, immer bei sich. Was genau wollen Sie mit sich tragen?

→ Lernen Sie auch, selbst zu beurteilen, wie viel Sie sich zumuten können und ab wann Sie Hilfe brauchen. Überlegen Sie sich eine kleine Skala (von 0 bis 10), eine Art Fieberthermometer, anhand dessen Sie Ihre jeweilige Befindlichkeit überprüfen können. Überlegen Sie sich auch, was Sie tun wollen, wenn ein gewisser Warnbereich (vielleicht eine 8 oder höher?) erreicht wird!

→ Vielleicht haben Sie im Moment nicht das Gefühl, Ihr Leben unter Kontrolle zu haben. Das war aber sicher nicht immer so. Schreiben Sie hier auf, in welchen Bereichen Sie zu früheren Zeiten die Dinge »im Griff« hatten, selbstsicher waren oder sich souverän gefühlt haben (beruflich, bei der Ausübung von Hobbys, in der Ausbildung, mit Freunden, beim Autofahren etc.).

→ Worüber konnten Sie früher Freude oder Dankbarkeit empfinden?

→ Welche Dinge haben Sie in Ihrem Leben geleistet, auf die Sie besonders stolz sind? Welche Stärken haben Ihnen dabei geholfen?

→ Welche schwierigen Phasen haben Sie in Ihrem Leben bereits gemeistert? Was hat Ihnen damals geholfen? Wann haben Sie anderen Menschen geholfen und wann haben Sie sich helfen lassen?

→ Beschreiben Sie hier Musik, Filme, Bücher oder andere Dinge, die Sie in der Vergangenheit bewegt oder angerührt haben, die Mut gemacht, getröstet oder ein gewisses Erhabenheitsgefühl ausgelöst haben. Wählen Sie bei Gelegenheit eines der genannten Dinge aus und schauen Sie, ob es diese Wirkung noch immer hat.

→ Schreiben Sie hier untereinander die Namen von Menschen auf, mit denen Sie in Beziehung stehen. Welche Kraft schöpfen Sie aus der jeweiligen Beziehung? Was können Sie tun, um die jeweilige Person wissen zu lassen, dass sie Ihnen wichtig ist?

→ Indem Sie dieses Buch ausfüllen, sind Sie bereits sehr aktiv und kreativ. Diese Kreativität ist eine große innere Stärke, ohne die Sie Ihren Weg nicht gehen könnten. Fallen Ihnen andere Aktivitäten ein, die Sie sich gerne vornehmen würden (Spaziergänge machen, kochen, ein Video schneiden, einen Vortrag vorbereiten, gärtnern, einen Glücksbringer basteln etc.)?

→ Gibt es gegenwärtig trotz aller mit der Trauer im Zusammenhang stehenden Gefühle auch Momente, in denen Sie so etwas wie Dankbarkeit, Freude oder Liebe empfinden? Es kann sehr hilfreich sein, sich jeden Abend an einen Moment zu erinnern, der schön oder bemerkenswert war. Sie können solche Momente auch aufschreiben, vielleicht sogar ein extra Dankbarkeitstagebuch anlegen.

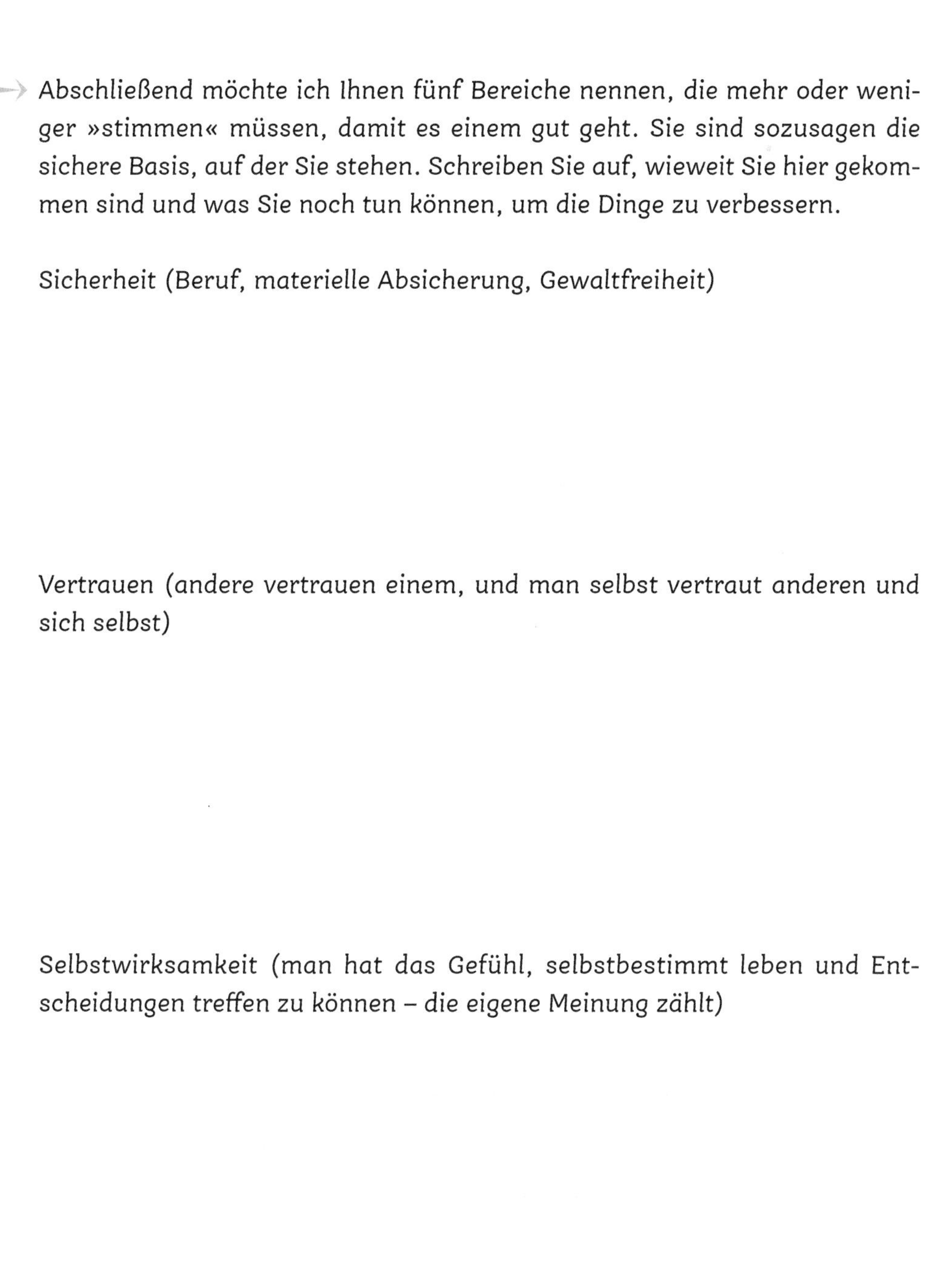

→ Abschließend möchte ich Ihnen fünf Bereiche nennen, die mehr oder weniger »stimmen« müssen, damit es einem gut geht. Sie sind sozusagen die sichere Basis, auf der Sie stehen. Schreiben Sie auf, wieweit Sie hier gekommen sind und was Sie noch tun können, um die Dinge zu verbessern.

Sicherheit (Beruf, materielle Absicherung, Gewaltfreiheit)

Vertrauen (andere vertrauen einem, und man selbst vertraut anderen und sich selbst)

Selbstwirksamkeit (man hat das Gefühl, selbstbestimmt leben und Entscheidungen treffen zu können – die eigene Meinung zählt)

Wertschätzung (man fühlt sich von anderen respektiert und wertgeschätzt)

Intimität und Nähe (es gibt Menschen, Tiere oder Gruppen, denen man sich nah fühlt)

Auf den Körper Rücksicht nehmen

Trauernde verlieren sehr leicht den Kontakt zu ihrem eigenen Körper, nehmen sich selbst kaum noch wahr. Dabei hat Trauer ganz konkrete Auswirkungen auf den Körper, nämlich unter anderem auf die Hormonausschüttung, auf Blutdruck, Immunsystem, Gehirnaktivität, Appetit, Verdauung, Schlaf und Schmerzempfinden. Es geht einem dann physisch immer schlechter, und dies wiederum wirkt sich auf die psychische Verfassung aus. Manche Hinterbliebene entwickeln durch die enorme psychische Belastung körperliche Störungen und lebensbedrohliche Krankheiten.

Um diesen Teufelskreis zu stoppen, ist es wichtig, dass Trauernde ihren Körper wieder wahrnehmen, ihrem Gehirn Pausen gönnen und sich selbst Wohlwollen entgegenbringen. Es gibt einige Techniken, die genau dies bewirken. Ich möchte Sie bitten, im Internet zu recherchieren oder aber entsprechende Bücher zu lesen, um die Methode zu finden, die für Sie am besten geeignet ist. In meinem Buch »Den Kummer von der Seele schreiben«, ein Begleitbuch für das erste Trauerjahr, finden Sie geeignete spezifische Übungen dazu. Oder suchen Sie selbst nach Meditationen, Visualisierungen, nach Entspannungs-, Atem- und Achtsamkeitsübungen. Empfehlenswert sind Übungen wie »Der sichere Ort«, aber auch progressive Muskelentspannung oder autogenes Training. Einfache Atemübungen sind bestens dazu geeignet, sich wieder beruhigen zu können, falls der Stresspegel steigt. Wenn man wieder einmal von bestimmten Gedanken gequält wird oder sich von schrecklichen Bildern nicht lösen kann, dann helfen Tricks wie von 1000 in 7-er-Schritten rückwärts zählen oder mit einem Arm zu kreisen, während der andere Arm Auf-und-ab-Bewegungen vollführt (das Gehirn kann sich nämlich immer nur auf eine schwierige Sache gleichzeitig konzentrieren).

Schauen Sie sich verschiedene Dinge an (im Internet gibt es zu fast allen diesen Übungen auch Videos zum Anschauen und Mitmachen) und entscheiden Sie sich für eine Methode. Kopieren Sie die Anleitung zu einer Übung und kleben Sie diese einfach hier ein, gerne auch über diesen langen Text. Sie wissen ja dann, worum es geht.

→ **Sie haben weiter oben über Ihre Gefühle geschrieben. Wo genau spüren Sie diese Gefühle? Welche Körperteile sind besonders anfällig für Stresssymptome?**

Sie können Fotos hier einkleben

→ Ihr Körper ist enormer Anspannung ausgesetzt. Viele Trauernde sitzen oft nur auf dem Platz und hören auf, sich zu bewegen. Dabei ist Bewegung so gut, um dem Körper zu helfen, die Stresshormone abzubauen. Auch das Gehirn arbeitet besser, wenn es gut durchblutet wird. Steckengebliebene Gedankenprozesse können durch Bewegung wieder angeregt werden. Welche Art der Bewegung käme für Sie infrage?

→ Was könnte Ihrem Körper sonst noch guttun? (Massagen, Sauna, Dehnübungen, Wannenbäder, Yoga, eine Kur)

→ Achtsamkeit hilft erwiesenermaßen, zur Ruhe zu kommen und Stress abzubauen. Nehmen Sie sich jetzt vor, sich in Achtsamkeit zu üben, etwa indem Sie beim nächsten Essen jeden Bissen ganz bewusst kauen oder beim nächsten Spaziergang auf jeden Schritt achten. Was nehmen Sie sich vor?

Was bleibt

Indem wir uns an die Verstorbenen erinnern, lassen wir sie weiterleben. Erst wenn niemand mehr an sie denken wird, sind sie wirklich gestorben. In diesem Sinne beschäftigen sich fast alle Menschen und Kulturen mit der »Unsterblichkeit« des Menschen – ganz gleich, ob sie an ein Weiterleben nach dem Tod glauben oder nicht. Ist auch Ihnen wichtig, dass der oder die Verstorbene »weiterlebt«?

Die folgenden Fragen sollen Ihnen dabei helfen!

→ **Gibt es ein Leben nach dem Tod – was glauben Sie? Wo ist der Verstorbene jetzt?**

→ **Inwiefern wird der geliebte Mensch weiterleben? (in Kindern, Werken, Gedanken ...)**

→ Gibt es Orte oder bestimmte Momente, an oder in denen Sie sich der verstorbenen Person besonders nahefühlen, sie vielleicht sogar »spüren«?

→ Notieren Sie hier, wie der verstorbene Mensch Sie unterstützt hat und wie Sie die verloren gegangene Unterstützung ersetzen können. Wie kann das am besten gelingen?

→ Welche Glaubenssätze oder Überzeugungen hat die geliebte Person an Sie weitergegeben? Inwieweit können Sie diese weiter beherzigen und in Ihr Leben integrieren?

→ Lag der geliebten Person eine Pflanze, ein Tier, ein Mensch oder ein Projekt besonders am Herzen, für den oder das Sie nun Verantwortung übernehmen könnten?

→ Hatte der oder die Verstorbene Träume, die sich vielleicht durch Sie verwirklichen lassen?

→ Könnten Sie den Tod der geliebten Person zum Anlass nehmen, sich für bestimmte Ziele (Unfallvermeidung, Heilung von bestimmten Krankheiten oder Information der Gesellschaft zu bestimmten Risiken) einzusetzen?

→ Hinterlässt die verstorbene Person Kinder oder sogar Kindeskinder? Und auch wenn nicht: Wie könnte man nachfolgenden Generationen nahebringen, wer dieser Mensch war? Schreiben Sie einen Text für die Nachfolgenden!

→ Wir hatten schon darüber nachgedacht: Ohne die verstorbene Person wären Sie nicht der- oder diejenige, die Sie heute sind. Inwiefern tragen Sie Anteile des geliebten Menschen in sich?

→ Stellen Sie sich Ihr Leben in fünf, zehn oder sogar dreißig Jahren vor. Welche Rolle wird das Andenken an Ihren geliebten Menschen noch spielen?

Was wird

Wann Trauernde wieder in die Zukunft blicken können, hängt von der Persönlichkeit und den Umständen ab. Doch auch wenn Sie im Moment Schwierigkeiten haben, sich überhaupt den morgigen Tag vorzustellen, lohnt es vielleicht, sich einmal über die Zukunft Gedanken zu machen. Empfinden Sie allerdings im Moment nur Angst und Hoffnungslosigkeit, dann schreiben Sie dies ruhig auf.

Datieren Sie Ihren Eintrag und nehmen Sie das Buch in einigen Monaten wieder zur Hand. Vielleicht hat sich dann schon etwas geändert?

→ **Mit welchen Gefühlen sehen Sie in die Zukunft?**

→ Was wird Ihnen besonders schwerfallen? Welche Ängste haben Sie?

→ Was wäre, wenn Ihre schlimmsten Befürchtungen wahr würden – wie lange würde der befürchtete Zustand wahrscheinlich anhalten? Wie wahrscheinlich ist es, dass es dazu kommt? Was könnten Sie dann tun, um Hilfe zu bekommen? Mit wem können Sie über Ihre Ängste reden?

→ Was wird Ihnen helfen, wieder Fuß zu fassen? (Gibt es z. B. bestimmte Menschen, mit denen Sie in Zukunft viel zusammen sein möchten?)

→ Schreiben Sie einige Dinge auf, die Ihnen früher Spaß gemacht haben! (Bemühen Sie sich dann bei Gelegenheit, diese Dinge wieder zu tun!)

→ Inwieweit wünschen Sie sich eine Aussöhnung mit dem Tod? Schreiben Sie Ihre Gedanken hierzu auf und kehren Sie zu einem späteren Zeitpunkt nochmals zu der Frage zurück. Vielleicht verändert sich Ihre Einstellung mit der Zeit? Gibt es Menschen, mit denen Sie sich über dieses Thema unterhalten können?

→ Haben Sie früher aus Rücksicht auf die verstorbene Person bestimmte Dinge nicht unternommen? Könnten Sie solche Unternehmungen jetzt in die Tat umsetzen? Gibt es Dinge, die Sie tun oder noch tun wollen, die Sie sich vorher nicht zugetraut hätten?

→ Welche Gefühle möchten Sie auf lange Sicht hin wieder empfinden können?

→ Was hätte die verstorbene Person Ihnen für diese schweren Tage und auch für die Zeit danach gewünscht, was glauben Sie?

→ Schreiben Sie sich nun selbst einen Brief für die Zukunft, so als schrieben Sie an eine liebe Freundin. Drücken Sie Mut und Hoffnung aus, erinnern Sie sich an Dinge, die Sie nicht vergessen wollen, und malen Sie sich eine Zukunft aus, in der Sie wieder Freude empfinden können.

→ Was muss geschehen, damit Sie die Lücke, die der Tod gerissen hat, als Teil Ihres Lebens integrieren können? Wie kann es Ihnen gelingen, den »roten Faden« Ihres Lebens wieder aufzunehmen?

→ Ohne Sinn erscheint das Leben nicht lebenswert. Manchen Menschen gelingt es, einen Sinn auch im Tod zu finden, andere hadern mit der sogenannten »Sinnfrage«. Wie geht es Ihnen damit?

Für die Beantwortung der folgenden Fragen möchte ich Sie bitten, ein oder zwei Jahre zu warten.

→ Was haben Sie Neues erlebt seit dem Todesfall? (neue Menschen kennengelernt, Erfahrungen gemacht, sich Wissen angeeignet, ein Hobby begonnen, neue Bücher gelesen etc.)

Jahrestage

Jahrestage und Familienfeste sind oft besonders schwierig für Trauernde. Der Geburtstag, der gemeinsame Hochzeitstag, der Todestag oder auch Heiligabend: An diesen Tagen muss damit gerechnet werden, dass der Schmerz in voller Stärke zurückkehrt. Andererseits kann man diese Tage auch zum Anlass nehmen, sich der verstorbenen Person noch einmal ganz nah zu fühlen. Nutzen Sie die folgenden Seiten, um Ihre Gedanken an bestimmten Tagen festzuhalten, sich auf diese Anlässe vorzubereiten oder auch um schlimme Zeiten aufzuarbeiten.

Überlegen Sie auch, ob Sie an einem solchen Tag eine Gedenkfeier organisieren wollen, sodass Sie – vielleicht gemeinsam mit anderen Menschen – dem oder der Verstorbenen besonders nah sein können.

→ Wie könnte eine Gedenkfeier aussehen? (Benennen Sie Fotos, die aufgestellt, Videos, die vielleicht gezeigt werden oder Lieder und Musikstücke, die gemeinsam gehört werden könnten!)

→ Welche Rituale oder Zeremonien könnten Sie sich für eine Gedenkfeier oder einen besonderen Jahrestag vorstellen?

→ Notieren Sie ein paar Worte, die im Gedenken an die Person gesagt werden könnten!

→ Welche »Themen« könnte es für verschiedene Jahrestage oder Anlässe geben? (Jeder Teilnehmer stellt ein Lied vor, das ihn an die verstorbene Person erinnert, jeder erzählt seine Lieblingserinnerung, es gibt nur Lieblingsgerichte des geliebten Menschen usw.)

→ Welchen Jahres-, Geburts- oder Todestag haben Sie bereits erlebt und wie haben Sie den Tag begangen?

Erster Jahrestag:

Zweiter Jahrestag:

→ Weitere Jahrestage, Geburtstage oder Feiertage, die Sie seit dem Todestag erlebt haben:

→ Machen Sie hier einen Plan für schwierige Jahrestage in der Zukunft: Wollen Sie Dinge tun, die Sie der verstorbenen Person nahebringen, oder möchten Sie am liebsten verreisen und an etwas ganz anderes denken? Schreiben Sie hier Ideen auf, die Ihnen helfen werden.

→ Hier ist Platz, um bei späteren Anlässen Ihre Gedanken niederzuschreiben.

Sie können Fotos hier einkleben

Etwas Theorie

Die verschiedenen Stufen der Trauer

Die Trauerforschung unterscheidet verschiedene Stufen bzw. Phasen der Trauer, wie Menschen auf einen Verlust oder ein traumatisches Ereignis reagieren. Dabei müssen diese Phasen nicht hintereinander durchlaufen werden. Jeder Mensch trauert natürlich anders, reagiert mit ganz persönlichen Gefühlen und Empfindungen. Je nach Umständen und Veranlagung können unterschiedliche Reaktionen im Vordergrund stehen. Trotzdem ist es ratsam, sich darauf gefasst zu machen, dass die folgenden Emotionen bei Ihnen auftreten können.

Schock

In den ersten Tagen und Wochen nach der Todesnachricht verhalten sich Hinterbliebene oft völlig überraschend. Vorerst lässt sich nicht verlässlich einschätzen, wie man mit dem Verlust fertigwird. Gefühle werden sehr oft erfolgreich verdrängt, um überhaupt weiterleben zu können. In einigen Wochen kann dann alles ganz anders aussehen.

Manche Trauernde erstarren im wahrsten Sinne des Wortes. Sie können den Tod nicht fassen und sind zu nichts anderem fähig, als vor sich hinzustarren. Andere können nicht aufhören zu weinen und zu schreien. Wie auch immer Sie den Schock erlebt haben, nehmen Sie dies einfach hin, ohne es zu bewerten. Erschrecken Sie auch nicht, wenn sich die gleichen Szenen, Worte oder Bilder über einen längeren Zeitraum hinweg in Gedanken wieder und wieder abspielen.

Womöglich könnten Sie sogar ernsthaft an Ihrem Verstand zweifeln, weil Sie sich z. B. an nichts mehr erinnern können, verwirrt sind, ständig meinen, die verstorbene Person zu sehen oder zu hören, Halluzinationen haben, Ängste entwickeln und sich auch sonst nicht wiedererkennen. Das ist während eines Schocks ganz normal.

Haben Sie auch kein schlechtes Gewissen, wenn Sie unmittelbar nach der Todesnachricht dazu in der Lage waren, Formalitäten zu erledigen und zu »funktionieren«. Diese Effizienz ist durchaus üblich und bewahrt die Betroffenen in der ersten Zeit vor dem schlimmsten Absturz. Da man jedoch in den ersten Tagen, Wochen und auch Monaten nicht man selbst ist, sollte man sich davor hüten, bedeutsame Entscheidungen zu fällen. Ob Sie das gemeinsame Haus verkaufen, alle Habseligkeiten des oder der Verstorbenen veräußern, sollten Sie nicht unter Schock entscheiden. Bereiten Sie sich auch darauf vor, dass Ihnen in der ersten Zeit nach dem Verlust viele »Missgeschicke« passieren werden. Zerbrochene Gläser, verlegtes Portemonnaie, Auffahrunfälle, Gereiztheit, Vergesslichkeit: Als hätten Sie nicht schon genug zu ertragen, werden diese Dinge Sie vermutlich zusätzlich belasten.

Lassen Sie sich auf keinen Fall von anderen einreden, dass Ihre Art der Trauer nicht passend sei. Ob Sie weinen, zusammenbrechen, wüten, fluchen, lachen, planen oder sich im Zimmer einschließen: Dies ist Ihre Art zu trauern! Wenn die Tränen nicht kommen, dann ist es nun mal so. Das kann auch später noch passieren, muss es aber nicht. Vielleicht fällt es Ihnen auch schwer, Gefühle zuzulassen, doch die Gefühle existieren in jedem Fall. Erlauben Sie sich Ihre Gefühle und setzen Sie sich nicht unter Druck, wenn es vermeintlich nicht die richtigen Gefühle sind. Sie brauchen jetzt keinen zusätzlichen Stress!

Viele Menschen glauben, man müsse seine Trauer und seine Gefühle kontrollieren, um nicht völlig von ihnen überwältigt zu werden. Daher sagen sie sich: »Ich darf mich nicht gehen lassen!« Aber warum sollte man sich nicht gehen lassen, wenn etwas Schreckliches passiert ist? Erlauben Sie Ihren Gefühlen, an die Oberfläche zu kommen. Natürlich gibt es auch ungesunde Schockreaktionen. Wer sich oder andere Menschen verletzt oder verletzten will, braucht schnelle Hilfe. Wer sich selbst nicht mehr versorgen will oder kann, sollte unbedingt entsprechende Unterstützung bekommen.

Trauer, Verzweiflung und Depression

Wenn der erste Schock abklingt – das kann nur einige Tage, aber auch deutlich länger dauern –, trifft einen der Schmerz der Trauer umso heftiger. Man sollte dabei aber nicht vergessen, dass Trauer eine natürliche Reaktion auf den Verlust eines geliebten Menschen ist – mit anderen Worten: Sie ist »gesund« und heilend. Es ist nicht ratsam, sie zu verdrängen, vielmehr sollte sie erlebt und ausgelebt werden. Die Trauer, die der oder die Hinterbliebene fühlt, ist ein Beweis der Liebe für den verstorbenen Menschen.

Wer trauert, mag wenig Appetit haben, schlecht schlafen, grübeln, nicht weiterwissen, erschöpft und am Ende sein, zweifeln, hadern, sich einsam und zerrissen vorkommen, starken körperlichen Schmerz spüren. Wer jemanden verliert, den er als Teil seiner selbst empfunden hat, fühlt sich mit einem Mal unvollständig und verliert jeden Halt.

Oft löst der Tod sogar eine Depression bei den Hinterbliebenen aus. Diese ist nicht notwendigerweise als Steigerung der Trauer zu verstehen: Trauer kann genauso schmerzhaft sein wie eine Depression. Doch bei der Depression kommen Gefühle von Hoffnungslosigkeit, der Verlust des Selbstwertgefühls und der Wunsch nach dem eigenen Tod hinzu! Wer in einer Depression steckt, ist passiv. Er wütet nicht, sondern zieht sich zurück und lässt niemanden an sich heran. Der Schmerz wird stumpf empfunden, über allem liegt das Gefühl der Hilf- und Sinnlosigkeit. Man nimmt keine Rücksicht mehr auf andere und vor allem nicht auf sich selbst. Wen eine Depression befallen hat, der hält sich selbst für wertlos und würde am liebsten aufhören zu existieren.

Im Zweifelsfall Hilfe suchen

Wenn Sie das Gefühl haben, nicht weiterzukönnen, wenn Sie eine Verantwortung (etwa für Kinder oder für andere Menschen) im Moment nicht erfüllen können, wenn Sie schon vorher unter großer Belastung litten und am Ende Ihrer Kräfte waren, wenn Sie ernsthaft überlegen, ob Sie Ihrem Leben ein Ende setzen sollten, dann brauchen Sie zusätzliche Unterstützung!

Der Bundesverband Trauerbegleitung e.V. hat vier Kategorien von Trauer definiert, wobei die »nicht-erschwerte« Trauer die Regel ist. Daneben gibt es aber auch die erschwerte, traumatische und komplizierte Trauer. Eine solche erschwerte oder komplizierte Trauer kann durch besondere Umstände wie Suizid, gewaltsamen Tod, Tod eines Kindes, traumatische Umstände, aber auch durch frühere Erlebnisse ausgelöst werden. Wenn Sie das Gefühl haben, dies trifft auf Sie zu, dann scheuen Sie sich nicht, professionelle Hilfe anzunehmen! Wenden Sie sich beispielsweise an eine kirchliche Gemeinde oder suchen Sie nach Trauerberatern im Netz. Sie können auch jederzeit die Telefonseelsorge anrufen oder anschreiben, um weitere Anlaufstellen zu erhalten.

Selbst wenn Sie ganz sicher sind, dass Ihre Trauer eine gesunde Trauer ist, sollten Sie erwägen, ob Ihnen eine kurzzeitige therapeutische Betreuung, in der Sie ungehemmt von Ihrem Schmerz reden können, nicht guttun könnte. Eine Selbsthilfegruppe kann möglicherweise den gleichen Zweck erfüllen wie eine Therapie. Andere Trauernde werden Sie in diesen schweren Tagen wahrscheinlich besser verstehen als jeder andere Mensch. Zudem besteht bei Selbsthilfegruppen die Chance, dass Ihnen nicht nur geholfen wird, sondern dass auch Sie Menschen helfen können – und das kann oft sehr heilsam sein. Am wirkungsvollsten sind solche Selbsthilfegruppen, die von professionellen Helfern angeleitet werden: Sie verhindern, dass Teilnehmer übersehen werden, oder dass nur wenige die Diskussionen dominieren, ohne auf die Bedürfnisse der einzelnen Teilnehmer Rücksicht zu nehmen.

Einige Dinge, die in der Trauerzeit wichtig sind

Sorgen Sie für Ausgleich und Bewegung, achten Sie auf eine ausgewogene Ernährung, reden Sie mit ausgesuchten Personen über Ihre Gefühle und Bedürfnisse, lassen Sie sich regelmäßig ärztlich untersuchen und erlauben Sie sich ausreichende Ruhepausen!

Auf jeden Fall sollten Sie versuchen, die Trauer bewusst zu erleben, ohne zu Medikamenten, die nicht ärztlich verordnet wurden, zu greifen. Solche Mittel mögen kurzzeitig eine Erleichterung mit sich bringen, doch auf lange Sicht gesehen verlängern sie den Prozess der Trauer sogar. Verdrängte Trauer kommt unweigerlich wieder oder führt zu psychosomatischen Störungen.

Es gibt andere – sehr viel wirksamere – Methoden, sich zu entspannen. Bitten Sie Ihre Ärztin oder Ihren Arzt um Rat. Rufen Sie Ihre Krankenkasse an und informieren Sie sich über Angebote wie autogenes Training, Yoga, Meditation oder ähnliche stabilisierende Möglichkeiten. Im Kapitel Resilienz finden Sie auch einige Anregungen, wie Sie mithilfe von Achtsamkeits- und Entspannungsübungen Ihrem Körper und sich selbst etwas Gutes tun können. Viele Studien haben gezeigt, dass solche Übungen bei jeder Art von Genesung, sei es von einer Krankheit, von Stress oder nach einem Trauma oder Trauerfall, den größtmöglichen Nutzen erbringen. Der Grund ist unter anderem darin zu finden, dass körperliche Entspannung zu physiologischen Veränderungen führt, d.h. Stresshormone werden abgebaut, der Blutdruck normalisiert sich, im Gehirn entstehen neue, neuronale Verbindungen. Das tut auch der Psyche gut!

Unsicherheit und Angst

Nach einem großen Verlust müssen wir uns in einer ungewohnten, veränderten Welt zurechtfinden. Unsere früheren Träume, Hoffnungen und Pläne haben sich als unhaltbar erwiesen. Was wird die Zukunft bringen? Wenn das Schicksal einmal so grausam war, könnte dann nicht etwas Ähnliches wieder passieren?

Viele Menschen sind nach dem Tod eines oder einer Angehörigen zutiefst verunsichert. Die Welt hat vielleicht ihre grausame und ungerechte Seite gezeigt, sodass man den Glauben an das Vorhersehbare und Gute verloren zu haben scheint. Oft bringt der Tod auch Sorgen mit sich, die durchaus berechtigt sind: Wer verdient jetzt das Geld? Wie schaffe ich es alleine, den Haushalt und die Kinder zu versorgen? Wie werde ich im Alter zurechtkommen?

Aus solch einem Gefühl heraus entstehen leicht Ängste. Diese können konkret als Angst vor Autos, vor Tieren oder vor Reisen auftreten. Ängste können auch allgemeiner Natur sein: Angst vor dem Leben, Angst vor der Realität. Hier helfen Geduld, Gespräche und ein langsames »Sich-wieder-gewöhnen«. Brechen Sie Ihre Gedanken nicht ab, wenn sie den Angsthöhepunkt erreicht haben, sondern denken Sie diese zu Ende! Mit anderen Worten: Fragen Sie sich, was passieren würde, wenn dies einträfe: Was könnte ich dann tun? Wie würde ich mich danach fühlen? Wer könnte helfen? Wie realistisch ist dieser Gedanke? Sprechen Sie mit anderen: Wie siehst du meine Situation? Wie wird es weitergehen?

Falls die Ängste beginnen, Ihr Leben zu beeinträchtigen oder drohen, es sogar völlig aus der Bahn zu werfen, suchen Sie therapeutische Hilfe! In den meisten Fällen vergehen die Ängste jedoch nach einiger Zeit von selbst!

Schuldgefühle

Wenn sich ein Unglück ereignet, ist der erste Gedanke der Überlebenden oft: »Warum? Wer hatte Schuld?« In Schuldkategorien zu denken, scheint uns angeboren und anerzogen zu sein. Dabei sind Schuldzuweisungen oft ungerecht oder, wenn gerechtfertigt, irrelevant. Haben wir aber solche Gedanken, nützt es nichts, sich diese ausreden zu wollen, da sie vernünftigen Argumenten gegenüber kaum zugänglich sind.

Gerade beim Tod einer geliebten Person richten sich die Schuldgefühle häufig gegen sich selbst. Jeder Tod, der unerwartet und überraschend eingetreten ist, wirft die Frage auf: »Hätte der Tod vermieden werden können?« Selbst wenn der Tod sich angekündigt hat und der oder die Verstorbene friedlich aus dem Leben schied, fällt einem vielleicht hinterher etwas ein, das man noch versäumt hat.

- Habe ich alles getan, was getan werden konnte?
- Hätte ich noch etwas sagen können?
- Wenn ein gewisses Ereignis nicht passiert wäre, dann hätte es vielleicht keinen Unfall oder keine Krankheit gegeben!
- Warum war ich in den letzten Tagen so abwesend?
- Hätte ich nur gewusst, dass die geliebte Person stirbt, dann hätte ich doch ganz anders gehandelt und gesprochen.
- Habe ich aus Furcht vor dem Tod weniger Anteilnahme bewiesen, als möglich gewesen wäre?
- Warum war ich oft so ungerecht und gemein zu ihr?
- Ich habe manchmal gewünscht, er wäre tot – wie konnte ich nur!

In vielen Fällen sind unsere Schuldgefühle völlig unbegründet. Und natürlich sagen unsere Mitmenschen, dass wir keinen Anlass haben, uns Vorwürfe zu machen, dass wir sicher unser Bestes getan haben, dass man auch nur ein Mensch ist. Irgendwo wissen wir auch selbst, dass uns keine Schuld trifft, aber solche gut gemeinten Beschwichtigungen bringen die anklagenden Stimmen dennoch nicht zum Schweigen. Der Gedanke, was hätte sein können, ist unvermeidlich. Um auf dieser Stufe nicht stehen zu bleiben, müssen manche Gedanken zu Ende gedacht werden – erst dann kann man sie loslassen. Daher gibt es zu diesem Punkt im praktischen Teil dieses Buches einige Fragen.

Schuldgefühle können aber auch dadurch hervorgerufen werden, dass man selbst noch lebt. Denn selbst wenn man nicht direkt zu den Überlebenden zählt (bei einem Unfall etwa), kann die Erfahrung, selbst unbeschadet weiterzuleben, das Gefühl der Schuld hervorrufen. Natürlich ist es sehr schwer, wenn man inmitten der Trauer auch noch mit Schuldgefühlen zu kämpfen hat. Es ist aber wichtig, dass man sich darüber klar wird, was man sich vorwirft. Verzeihen ist nur dann möglich, wenn man ehrlich zugibt, welche Fehler man begangen hat. Dieses Buch gibt Ihnen die Gelegenheit, Ideen zu entwickeln, wie Sie tatsächliche oder vermeintliche Schuld »wieder gut« machen können.

Wut

Wer die Schuld am Tod bei Dritten sieht, wird auch mit Gefühlen der Wut zu kämpfen haben. Viele Menschen fragen sich, ob die Ärzte alles getan haben oder ob sie sich Versäumnisse zuschulden haben kommen lassen. Besonders schlimm ist es, wenn der Tod unmittelbar durch einen Menschen herbeigeführt wurde, wie etwa im Fall von Mord oder durch einen Verkehrsunfall. Dann bleiben die Trauernden oft in düsteren Rachefantasien zurück oder sie sind wütend auf das Schicksal oder auch auf Gott, der den Tod zugelassen hat.

Häufig trifft die Wut auch unschuldige Mitmenschen, weil wir uns fragen, warum die Welt nicht anhält und aus den Fugen gerät, wo doch etwas so Schreckliches passiert ist. Wie kann die Sonne jeden Morgen aufgehen und scheinen, als sei nichts geschehen, als gäbe es die geliebte Person noch? Wie können Menschen, die vielleicht sogar von unserer besonderen Trauer wissen, fortfahren in ihren alltäglichen Beschäftigungen, arbeiten, lachen, ins Kino gehen oder sogar gedankenlose und verletzende Dinge sagen?

Eine ganz andere Wut ist die Wut auf die verstorbene Person selbst.

- → Warum hat sie nicht besser auf sich aufgepasst?
- → Warum musste er ausgerechnet an jenem Tag dort sein, wo der Tod ihn traf?
- → Warum waren ihre letzten Worte lieblose Vorwürfe?
- → Wieso hat er seine Versprechen nicht erfüllt?

Gefühle der Wut überraschen manche Hinterbliebene, die sich daraufhin schuldig fühlen oder schämen. Wie alle Gefühle sollten aber auch Wutgefühle zugelassen werden! Erst wenn die Wut erkannt, ausgesprochen (aufgeschrieben) und auf diese Weise verarbeitet wurde, kann sie überwunden werden. Die Wut, die wir fühlen, ist auch immer die Wut über den Tod selbst.

Scham

Auf den ersten Blick mag es überraschen, dass Hinterbliebene Gefühle von Scham haben sollen. Scham z. B. über:

- → versäumte Gelegenheiten
- → die eigene Wut auf die verstorbene Person

- Dinge, die durch den Tod öffentlich gemacht wurden
- die Todesart (z. B. Selbstmord, infektiöse Krankheit)
- unpassende Reaktionen auf die Todesnachricht
- das Gefühl der Befreiung und Erleichterung
- die eigene Unfähigkeit, mit den Gefühlen umzugehen
- die vielleicht schon länger währende Zeit der Trauer (wenn andere Menschen sagen, man müsse doch langsam darüber hinweg sein)
- die Unwissenheit der Leute, wie sehr man die Person liebte (z. B. bei geheimen Liebesbeziehungen)
- die Tiefe der Trauer
- das eigene Weiterleben
- Hassgefühle anderen, glücklichen Menschen gegenüber
- eigene Pläne, die den geliebten Menschen nicht einschließen
- die eigene Hilfsbedürftigkeit
- die Tatsache, dass man wieder Glück empfindet oder sich neu gebunden hat
- die Unfähigkeit, das Ende als Erlösung zu akzeptieren

Scham ist ein ungesundes Gefühl. Hier gilt nicht, was für die anderen Gefühle zutrifft – dass man sie zulassen und gelten lassen soll. Denn Scham erklärt sich aus dem Wunsch, bestimmte Dinge nicht zuzulassen, sondern sie zu unterdrücken und zu verleugnen. Sagen Sie sich lieber: »Ich habe diese Gefühle, für die ich mich schäme, weil ich die verstorbene Person so geliebt habe!« Legen Sie Dinge, für die Sie sich schämen, offen und bekennen Sie sich zu ihnen. Auch hierbei will Ihnen dieses Buch helfen.

Psychische Störungen und Symptome

Obwohl Sie keinen körperlichen Schaden genommen haben, fühlen Sie sich wahrscheinlich wie erschlagen. Der körperliche Schmerz, die Erschöpfung, die Schwäche, dies alles sind Manifestationen des inneren Schmerzes, besser gesagt die Konsequenz von physiologischen Reaktionen auf den Stress.

Es ist ganz natürlich, dass Menschen, die Gefühlen wie den oben beschriebenen ausgesetzt sind (Schock, Wut, Trauer, Scham usw.), auch körperlich aufs Äußerste belastet werden. Unregelmäßiger Schlaf, Anspannung, Depressionen, Essstörungen und fehlender Lebenswille führen von Nervosität, Ängsten, Phobien, Verspannungen, Erschöpfungszuständen, Kreislaufbeschwerden, Migräne, Herzproblemen, Magen-Darm-Erkrankungen, Rückenschmerzen bis hin zu Geschwüren und lebensbedrohenden Krankheiten. Wenn Sie bereits körperliche Beschwerden dieser Art haben, lassen Sie sich ärztlich beraten und bemühen Sie sich um Entspannung, z.B. indem Sie Spaziergänge machen, Sport treiben, sich physisch betätigen oder auch autogenes Training machen. Wie bereits angedeutet, ist nach einem Verlust oder während einer Stressphase das Risiko zu erkranken besonders hoch. Untersuchungen haben gezeigt, dass die Abwehrzellen im Körper nach einem großen Verlust auf unter die Hälfte der Werte in Normalzeiten fallen.

Versuchen Sie, den Lebensrhythmus, den Sie vor dem Verlust hatten, wieder aufzunehmen. Legen Sie sich zur gleichen Zeit schlafen wie früher. Sollten Sie nachts aufwachen oder nicht schlafen können, lassen Sie dies zu! Legen Sie ein Notizheft und einen Stift zurecht, um Gedanken festzuhalten, die Sie dann während des Tages in dieses Buch übertragen können. Oder machen Sie vor dem Schlafengehen eine Liste mit unliebsamen Pflichten, die Sie erledigen, falls Sie mitten in der Nacht aufwachen sollten. Wenn Sie dann den Kühlschrank gereinigt oder die Schuhe geputzt haben, legen Sie sich wieder hin.

Ich habe weiter oben bereits darauf hingewiesen, wie hilfreich Atem- und Entspannungsübungen sein können. Angeleitete Visualisierungen (ein Gang über eine Wiese, ein Sonnenbad, ein Besuch in einem verzauberten Palast) können dem Körper fast ebensolche Ruhephasen gewähren, wie es Schlaf tut. Es gibt auch besondere Yogakurse, bzw. Achtsamkeitsangebote für Menschen, die ein Trauma oder einen Trauerfall zu bewältigen haben. Hier geht man noch anders auf Sie ein bzw. profitieren Sie von der Kraft der Gemeinschaft. Sprechen Sie auch mit Ihren Freunden und vereinbaren Sie, im Notfall anrufen zu dürfen. Nehmen Sie Hilfsangebote unbedingt an!

Im Moment mag Ihnen dies völlig nebensächlich erscheinen, doch achten Sie unbedingt auf eine ausgewogene Ernährung! Übermäßige Einnahme von zucker- und koffeinhaltigen Nahrungsmitteln – oder aber der Mangel an Vitaminen, Nährstoffen und Flüssigkeit – mag mit ein Grund für schlechten Schlaf, Nervosität und Immunschwäche sein. Dass Sie sich von Alkohol, Drogen und nicht verschriebenen Medikamenten fernhalten sollten, habe ich ja bereits erwähnt.

Auch bei der Bewältigung von Stresssymptomen will dieses Buch helfen. Selbst wenn Sie beim Schreiben mehr Trauer verspüren sollten als vorher, erlaubt Ihnen das Zulassen der Gefühle die Verarbeitung der Trauer und bereitet so den Weg zur Entspannung und Heilung. Haben Sie Geduld mit sich!

Versöhnung und Heilung

Am Ende des Trauerweges liegen hoffentlich die Linderung des Schmerzes und eine Aussöhnung mit dem Schicksal. Dabei kann es auch schon lange vorher Momente geben, in denen gelacht, Glück empfunden und Akzeptanz und Frieden erlebt werden. Fühlen Sie sich nicht schuldig, wenn Sie das erste Mal wieder so etwas wie Freude empfinden! Es sagt gar nichts darüber aus, wie tief Ihre Trauer um die geliebte Person ist! Vielleicht ist es Ihnen auch möglich, einen Sinn im Tod zu finden, oder aber Sie entschließen sich, dem Tod selbst einen Sinn zu geben, indem Sie etwas Positives für sich oder andere tun, was Sie sonst nicht getan hätten. Nach ein bis zwei Jahren stellt sich in den meisten Fällen ein Gefühl der Aussöhnung ein, was natürlich nicht bedeutet, den geliebten Menschen zu vergessen.

Heilung und Versöhnung bedeuten nicht Rückkehr! Die Welt wird niemals wieder so werden, wie sie vor dem Tod war. Wenn Sie sich jedoch am Ende mit mehr Stärke, Liebe und Verständnis als vorher zum Leben bekennen, dann tragen Sie ein letztes großes Geschenk der geliebten Person mit sich. Indem Sie bewusster leben und neu gefundene Liebe mit anderen teilen, ehren Sie das Andenken des verstorbenen Menschen!

Die Vorstellung, sich mit dem Tod abfinden zu sollen, mag Ihnen zu Beginn der Trauer schwerfallen oder sogar frevelhaft erscheinen. Vielleicht können Sie auch nichts anfangen mit dem Begriff Trauerarbeit, der von vielen Therapeuten und Trauerbegleiterinnen benutzt wird, um den Weg zu beschreiben, der zur Aussöhnung führt. Wenn es Sie aber doch interessiert, was damit gemeint ist, will ich hier kurz einige Aufgaben der Trauerarbeit, wie sie in vielen Ratgebern und Büchern zum Thema Trauer genannt werden, umreißen.

Eine Aussöhnung mit dem Tod setzt voraus, dass man den Verlust als Realität anerkennt, dass man die eigene Trauer erleben und akzeptieren kann, dass man lernt, sich in der Welt, in der die geliebte Person fehlt, zurechtzufinden und wieder zu Kräften kommt, um neue Energien entfalten zu können. Diese Aufgaben sind jedoch nicht so zu verstehen, dass man sich diese »vornehmen« könnte. Belasten Sie sich nicht mit dem Gefühl, Sie müssten jetzt irgendetwas Bestimmtes erreichen oder Einsichten haben, die Ihnen im Moment noch fernliegen!

Der Trauerprozess hat seine eigene Dynamik und schon begonnen, ohne dass Sie es bemerkt haben! Und so schmerzhaft und unerträglich er zuweilen erscheinen mag, so liegen doch trotz allem auch positive Erfahrungen auf seinem Weg. Vielleicht erfahren Sie neue Dinge über sich und die geliebte Person oder Sie entwickeln Glauben und Empfindungen, die Ihnen neu sind und Stärke geben.

Wer weiß, wo Sie in einigen Jahren stehen werden! Lassen Sie sich auf den Trauerprozess ein, denn er ist Teil der Beziehung, die Sie zu der geliebten Person hatten.

Wenn der Tod keinen Sinn macht

Wenn jemand ein sehr erfülltes Leben hatte und am Ende seiner Tage mit sich und der Welt im Reinen glücklich und zufrieden entschläft, dann kann man sagen, dass Leben und Tod dieses Menschen einen Sinn hatten. Doch wenn ein Kind oder ein junger Mensch stirbt, wenn jemand gewaltsam zu Tode kommt, wenn ein unnötiger und zufälliger Unfall ein Leben auslöscht, eine Krankheit »zuschlägt« oder wenn gar ein Unglücklicher sich selbst das Leben nimmt, dann fragt man sich: Warum?

Wir Menschen tun uns sehr schwer damit, Dinge zu akzeptieren, die keinen Sinn zu ergeben scheinen. Alles soll seinen Grund haben, wir wollen Ursache und Wirkung erkennen können. Aber ein unschuldiger Mensch, der noch so viele Dinge zu erleben, noch so viel vor sich hatte? Musste das sein? Nein, sagen wir, nein! Das kann doch nicht sein! Der Tod war unnötig, er hätte verhindert werden können! Dieser Gedanke ist so schwer zu ertragen, dass er einen um den Verstand zu bringen scheint.

Ob man sich irgendwann mit dem Tod abfinden wird, entscheidet sich erst später. Man kann unmöglich am Anfang der Trauer schon an die Aussöhnung mit dem Tod denken. Fast jeder Mensch wird sich aber trotzdem vom ersten Moment an mit der Frage des Sinns beschäftigen. Fast alles Grübeln von Trauernden hat mit diesem Thema zu tun: Warum musste es so kommen? Wieso musste er so jung sterben? Es überleben so viele diese Krankheit, warum nicht sie? Hätte der Tod verhindert werden können? Ist es gerecht, dass Kriminelle und Mörder so viele Rechte haben, ungeachtet der Menschen, die sie auf dem Gewissen haben? Wie ist es nur zu fassen, dass jemand Kindern ein Leid zufügt? Nur eine Sekunde hat gefehlt, dann hätte der Unfall vermieden werden können! Von allen Menschen auf dieser Welt musste es ausgerechnet den liebsten, unschuldigsten und wertvollsten treffen!

Manche Tode sind so schrecklich, dass es schwerfallen wird, einen Sinn in ihnen zu finden. Und doch werden die Trauernden grübeln und den Tod »verstehen« wollen. Dieses Buch kann Ihre Fragen nicht beantworten, aber es möchte Ihnen bei der Suche nach dem Sinn helfen.

Rituale

Eine Sinngebung anderer Art sind Rituale und Zeremonien. Sie trösten auf unterschiedliche Weise. Sie lassen den Toten lebendig werden. Sie erlauben es den Hinterbliebenen, Abschied zu nehmen und Unvollendetes zu vollenden. Sie zeigen, dass der oder die Tote von vielen geliebt und geschätzt wurde. Sie erfüllen vielleicht einen Wunsch oder Traum der verstorbenen Person. Sie setzen etwas fort, damit der Tod nicht nur Ende, sondern auch Anfang bedeutet.

Sie erlauben einem, die eigene Trauer ganz direkt und bewusst zu erleben. Sie haben Symbolcharakter und wirken heilend.

Rituale und Zeremonien können im großen Kreis oder ganz privat durchgeführt werden. Hier einige Anregungen:

- Abschied von dem/der Verstorbenen (Totenwache)
- Ein Geschenk in den Sarg oder ins Grab legen
- Den Sarg bemalen
- Eine besondere Grabpflege
- Ein Gedenkgottesdienst
- Eine Gedenkveranstaltung
- Eine Karte oder einen Brief an alle Freunde schreiben
- Einen Baum pflanzen
- Ein Fotoalbum anlegen
- Eine Musikdatei mit der Lieblingsmusik des/der Toten zusammenstellen
- Ein Gedicht schreiben
- Die Lebensgeschichte des geliebten Menschen aufschreiben
- Ein bedeutungsvolles Lied von einem Radiosender spielen lassen
- Einen »Altar« einrichten (mit Bild, Kerze, Lieblingsstofftieren …)
- Allabendlich der verstorbenen Person (ihrem Foto) vom Tag erzählen
- Eine Kerze anzünden
- Ein Bild malen
- Eine Collage aus Fotos oder aus gemalten Bildern erstellen
- Ein Trauergewand entwerfen und anlegen
- Eine Decke aus Stoffresten nähen oder besticken
- Erinnerungen und Eindrücke von anderen sammeln
- Einen Ballon fliegen lassen
- Ein Papierschiffchen auf Reisen schicken

- Geld spenden für einen bedeutsamen Zweck
- Sich für die Dinge einsetzen, die der geliebten Person wichtig waren
- Einen Traum der geliebten Person verwirklichen
- Tagebuch schreiben
- Geburts- und Todestag begehen
- Einen Nachruf online verfassen
- Anderen helfen, die eine ähnliche Situation durchmachen wie die oder der Verstorbene
- Und natürlich kann das Ausfüllen dieses Buches auch ein Ritual sein

Abschied

Das wichtigste Ritual ist der Abschied. Den Glücklichen ist es vergönnt, von dem geliebten Menschen Abschied nehmen zu können. Das ist meist dann der Fall, wenn eine vorhergehende Krankheit die Gelegenheit bietet, all die Dinge zu sagen, die man sagen möchte. Es wird gedankt, verziehen, Liebe ausgedrückt, gemeinsame Erinnerungen beschworen, Hoffnung artikuliert, letzte Wünsche werden ausgesprochen.

Andere haben diese Chance nicht. Vielleicht kam der Tod plötzlich und unvorbereitet. Oder man brachte es einfach nicht über sich, über den bevorstehenden Tod zu sprechen. Selbst wenn die Gelegenheit da war, wird häufig nicht alles gesagt und getan. Hinterher fällt es dann oft sehr schwer, mit den Versäumnissen und verpassten Chancen zu leben. Man macht sich Vorwürfe oder aber ist wütend auf den Toten, der die letzten Erwartungen nicht erfüllt hat.

Es ist, als ob ein Kreis unvollendet geblieben ist. Der Mensch aber will

Dinge abschließen. Es ist sehr schwer, sich mit einer Situation auszusöhnen, die nicht richtig beendet wurde.

Auf einer symbolischen Ebene lassen sich Versäumnisse bis zu einem gewissen Grad nachholen. Oder aber man findet Wege, »Buße« zu tun und zu verzeihen. Dafür muss man zunächst einmal sehr ehrlich sein und all die Dinge zugeben, die man falsch oder gar nicht gemacht hat. Und man muss die Wut auf den anderen, der vielleicht Dinge unterlassen und unvollendet gelassen hat, zulassen.

Abschied ist aber nicht so zu verstehen, dass Sie sich jetzt von der verstorbenen Person ganz lösen sollen. Zwar gibt es einige, die behaupten, dass ein gelungener Trauerprozess mit »loslassen« einhergeht. Der Gedanke dahinter ist, dass Menschen alle Einzelerlebnisse im Leben zu einem Ganzen zusammenfügen und das Geschehene akzeptieren sollen, um dann nach vorne zu schauen und sich auf das Neue, Zukünftige einzulassen. Das bedeutet aber nicht, dass man nicht auch festhalten kann! Die Verstorbenen werden in unseren Herzen immer weiterleben, sie gehören nach wie vor zu der Familie. Auch die Liebe, die wir für sie empfanden, bleibt bestehen und wird immer ein Teil von uns bleiben.

Vom Umgang mit anderen

Kein Mensch weiß, wie Ihnen zumute ist. Das liegt nicht etwa an fehlendem Einfühlungsvermögen, sondern einfach daran, dass Trauer sehr persönlich und schwer vorstellbar ist. Außerdem haben viele Menschen aufgrund der Tabuisierung des Todes in unserer Gesellschaft eine Scheu vor allem, was mit dem Thema zu tun hat.

Trotzdem wird es Menschen geben, die Ihnen helfen, sei es durch verständnisvolle Worte, Gesten, tatkräftige Unterstützung oder ganz einfach durch aufmerksames Zuhören. Wenn Sie von Ihren Gefühlen oder von der geliebten Person reden wollen, dann suchen Sie den Umgang mit Menschen, die gut zuhören können. Das können durchaus Menschen sein, die die verstorbene Person gar nicht kannten. Schön ist es natürlich, wenn Angehörige und Freunde sich gegenseitig unterstützen und trösten können. Allerdings unterscheiden sich die jeweiligen Bedürfnisse von Hinterbliebenen, auch wenn sie um dieselbe Person trauern.

Manche wollen sehr viel über den verstorbenen Menschen reden, andere wollen seiner still für sich gedenken. Manche weinen offen und viel, andere halten ihre Tränen zurück oder weinen gar nicht. Manche sind in der Wutphase, wenn andere gerade tiefe Trauer empfinden. Vielleicht ärgern Sie sich sogar über einzelne Personen, die es an dem (für Sie) nötigen Ernst fehlen lassen.

Wichtig ist aber, den Weg der anderen zu respektieren – ohne Kritik und Missbilligung. Es gibt kein passendes oder angemessenes Verhalten. Dabei ist es natürlich völlig legitim, auch Respekt für die eigenen Gefühle einzufordern. Falls also ein Kind Scherze macht und lacht, sagen Sie ruhig, dass Ihnen im Moment solche Kommentare wehtun. Urteilen Sie aber nicht über das Schmerzempfinden eines Kindes, das so möglicherweise den einzigen Weg der Trauerverarbeitung geht, der ihm möglich ist. Falls Sie einen Lebenspartner oder eine Lebenspartnerin haben, der oder die ebenfalls trauert, kritisieren Sie deren Art der Trauerbewältigung nicht. Allzu oft entfremden sich z. B. Eltern nach dem Tod eines Kindes voneinander, statt sich in der gemeinsamen Leidenszeit beizustehen! Falls Sie Kinder haben, lesen Sie bitte das nachstehende Kapitel!

Unverständnis, Ungeduld und Co.

Völlig irrelevant ist die Frage, wer »mehr« trauert und »mehr« verloren hat. Die Bedeutung, die der Tod des geliebten Menschen hatte, muss jeder für sich ausmachen, da gibt es nichts zu vergleichen. Ebenfalls unpassend sind Bemühungen, den Verlust zu relativieren, wenn man etwa dafür dankbar sein soll, dass es andere Menschen noch viel »härter« getroffen hat. Der Verlust ist so schlimm, wie er empfunden wird.

Leider werden Sie auch Menschen begegnen, die wenig einfühlsam und hilfreich sind. Wahrscheinlich wissen sie nicht, wie sie reagieren sollen. Sie sagen vielleicht sogar das Richtige, sind dann aber erschrocken, wenn Sie zu weinen beginnen und ziehen sich sofort zurück. Seien Sie in Ihrer Trauer nachsichtig und nehmen gut gemeinte Anteilnahme nicht übel.

Wenn bereits einige Zeit vergangen ist, werden Ihre Mitmenschen erstaunt reagieren, wenn Sie »noch immer« traurig sind. Wenn Sie, nachdem die Normalität zurückgekehrt ist und Sie anscheinend wieder »funktionieren«, Ihre Trauer doch einmal zeigen, könnte es sein, dass jemand erstaunt fragt: »Du bist wohl noch nicht drüber weg?« Dann kommt die Wut wieder hoch – oder aber Sie schämen sich und bagatellisieren: »Na ja, manchmal denke ich schon noch an sie.« Wir leben in einer Zeit, in der alle Probleme immer schnell gelöst werden sollen – auch Gefühle. Es ist vielen Menschen unangenehm, daran erinnert zu werden, wie lange und tief manche Gefühle erfahren werden können. Lieber werden Gefühle unterdrückt – auch wenn sie dann in Form einer Depression oder angestauter Aggression chronisch werden. Falls Sie öfter mit Menschen konfrontiert werden, die nicht verstehen können, wie tief der Schmerz sitzt, suchen Sie auf jeden Fall Kontakt zu mindestens einem anderen Menschen, mit dem Sie über Ihre Trauer reden können!

Wenn irgend möglich, sagen Sie Ihren Mitmenschen ganz offen, was Sie fühlen und brauchen:

- »Ich kann einfach nicht darüber reden, aber Ihre Anteilnahme tut trotzdem gut.«
- »Ich denke eigentlich an nichts anderes. Es ist schön, wenn mal jemand einfach nur zuhört.«
- »Im Moment brauche ich vor allem jemanden, der sich um die Kinder kümmert.«
- »Ich bringe es nicht über mich, ans Grab zu gehen, aber ich denke immer, dass die Blumen schon längst verwelkt sein müssen. Könntest du wohl mal nach dem Rechten sehen?«
- »Ich weiß überhaupt nicht weiter, ich glaube, ich brauche Hilfe. Kannst du einen Termin bei einem Arzt für mich machen?«
- »Ich will jetzt keine anstrengenden Besuche, nichts sagen oder tun müssen, aber wenn du einfach nur bei mir sein willst, dann komm gerne vorbei!«
- »Seine Nähe fehlt mir so. Ich möchte einfach nur noch einmal gehalten werden.«
- »Bestimmt hast du recht, und ich werde irgendwann darüber wegkommen, aber im Moment kann ich mit solch einem Rat nichts anfangen. Es geht mir so schlecht, wie es einem gehen kann. Was ich gerne hören würde, ist, dass du mit mir fühlst.«
- »Was mir wirklich hilft, ist zu hören, wie andere mit dem Tod von einem Familienangehörigen fertiggeworden sind.«

Und noch einmal sei auf die heilsame und tröstende Wirkung von einer Teilnahme an Selbsthilfegruppen hingewiesen. Menschen, die ebenfalls trauern, können Sie besser verstehen als andere. Wenn Sie in Ihrer Trauer mit einer ganz besonders schwierigen Situation zu tun haben (Verlust eines Kindes, Krebs, Aids, Mord, Suizid), dann kann das Gespräch mit Menschen, die Ähnliches durchmachen, sehr hilfreich sein. Oft entwickeln sich neue Freundschaften in solchen Gruppen, sodass Sie im Nachhinein sagen können, dass aus einer Tragödie auch etwas Gutes entstehen kann. Erwägen Sie auch, die Hilfe einer Therapeutin, eines Seelsorgers oder einer Ärztin in Anspruch zu nehmen. Dieses Buch bietet Ihnen zwar einen Ort, wo Sie alle Gedanken, Erinnerungen und Empfindungen festhalten können, doch brauchen Sie darüber hinaus auch den Kontakt zu anderen Menschen und/oder professionellen Helfern.

Kinder und Trauer

Falls Sie Kinder haben, die ebenfalls trauern, sind Sie in der schwierigen Situation, Ihre eigene Trauer mit den Bedürfnissen des Kindes in Einklang zu bringen. Was auf alle Menschen zutrifft – dass sie mit dem Tod einer geliebten Person auch das Ende eines bestimmten Lebensabschnits erleben –, betrifft Kinder noch viel mehr. Wenn nichts mehr so ist, wie es war – auch die noch lebenden Angehörigen nicht –, dann kann das Kinder sehr verunsichern. Was Kinder jetzt brauchen, sind Zeit, Zuversicht und Zuwendung (die »drei Z« nach Specht-Tomann und Tropper). Doch wenn Sie selbst auch trauern, haben Sie davon möglicherweise wenig zu geben. Hier sind einige Tipps, die Ihnen helfen können, Ihren Kindern zu helfen:

- Reden Sie über den Tod! Benutzen Sie ruhig Wörter wie »tot« und »gestorben«. Kinder nehmen Metaphern leicht wörtlich und könnten Angst vor dem Einschlafen oder vor dem »Ruf« Gottes bekommen, wenn Sie Erklärungen geben wie »Opa schläft jetzt für immer« oder »Gott hat Carsten zu sich gerufen«. Erklären Sie die Todesursache mit schonenden, kindgerechten und klaren Worten.

- Dies gilt auch für Todesfälle nach Suizid. Kinder spüren, wenn ihnen etwas verheimlicht wird, und fühlen sich hintergangen, wenn sie eines Tages die Wahrheit erfahren. Wichtig ist, dass Kinder verstehen, dass ein Suizid immer aus einer Notlage heraus geschieht, in der die betroffene Person Entscheidungen trifft, die sie im gesunden Zustand so nie treffen würde. Vor allem sollte dem Kind klar gemacht werden, dass es selbst in keiner Weise eine Schuld trifft.
- Lassen Sie Ihre eigene Trauer und Ihre Gefühle zu! Verbergen Sie Ihre Trauer nicht, Ihr Kind spürt sie sowieso! Weinen ist erlaubt! Kinder imitieren oft das Verhalten der Eltern. Betonen Sie dabei aber auch, dass Trauer eine normale Reaktion ist und Sie diese im Griff haben.
- Lassen Sie die Gefühle der Kinder zu! Beschwichtigen Sie nicht mit falschem Trost. Die Botschaft sollte immer sein: »Ja, so kann man sich fühlen! Es ist wirklich schwer, nicht wahr?« Die Zeit der Trauer kann nicht abgekürzt, sondern nur durchlebt werden. Kinder spüren schnell, wenn ein bestimmtes Verhalten von ihnen erwartet wird, und bemühen sich dann, »richtig« zu fühlen.
- Hören Sie den Kindern zu! Welche Sorgen, Schuldgefühle und Gedanken haben sie? Bewerten und beschwichtigen Sie nicht vorschnell, hören Sie einfach nur zu! »So geht es dir also!«
- Geben Sie sachliche Antworten auf die Fragen Ihres Kindes. Geben Sie ruhig zu, wenn Sie die Antwort nicht wissen! Antworten Sie gegebenenfalls mit einer Gegenfrage: »Was glaubst du denn?«
- Bemühen Sie sich darum, so viel Normalität wie möglich zu wahren und frühere Rituale (Frühstück, Schulbesuch, Vorlesen) einzuhalten.
- Erwarten Sie nicht von Ihrem Kind, Ihnen in Ihrer Trauer zu helfen! Kinder wollen dies natürlich, aber sie werden damit sehr leicht überfordert!
- Kinder (übrigens auch Erwachsene) tun aus Unsicherheit und Verwirrtheit in Stresssituationen Dinge, die anderen unpassend erscheinen

können: Sie lachen, werden aggressiv, verschlossen oder erscheinen unbeteiligt und kaltherzig. Versuchen Sie zu verstehen!

- Erlauben Sie den Kindern, zwischendurch die Trauer zu vergessen. Freuen Sie sich, wenn Ihr Kind lacht!
- Häufig reagieren Kinder auch mit Regression, das heißt, sie werden um ein oder zwei Entwicklungsstufen zurückgeworfen. Sie machen wieder ins Bett, lutschen am Daumen, werden ängstlich. Dies ist normal. Holen Sie sich Hilfe, wenn Sie unsicher sind.
- Versichern Sie Ihrem Kind, dass Sie es lieben, auch wenn Sie im Moment so traurig sind. Es sollte auch wissen, dass es nicht schuld am Tod ist, dass es nicht in absehbarer Zeit selbst sterben wird (dies ist eine häufige Angst, wenn Geschwister gestorben sind) und dass die Eltern nicht wünschen, es wäre statt des Geschwisterchens gestorben!
- Beobachten Sie das Verhalten Ihres Kindes! Glaubt das Kind, es hätte den Tod verhindern können? Bemüht es sich heimlich darum, den geliebten Menschen durch Rituale (häufiges Waschen, Aufsagen gewisser Sätze usw.) ins Leben zurückzuholen?
- Ermuntern Sie die kreative Verarbeitung der Gefühle: Lassen Sie das Kind Bilder malen, Lieder singen, einen Abschiedsbrief schreiben, Erinnerungen aufschreiben.
- Sprechen Sie über die gestorbene Person, tauschen Sie Erinnerungen aus, schauen Sie Fotos an. Helfen Sie dem Kind, positive Bilder und Erinnerungen zu bewahren Wenn Sie in Ihrem eigenen Kummer noch nicht so weit sind, delegieren Sie das an eine Person Ihres Vertrauens (siehe auch den letzten Punkt).
- Lesen oder verschenken Sie Kinderbücher zum Thema! Mein Buch »Wohnst du jetzt im Himmel?« (Gütersloher Verlagshaus) bietet Kindern die Möglichkeit, ihre Gedanken aufzuschreiben, ganz so, wie Sie es in diesem Buch tun.

- Drücken Sie Freude darüber aus, dass das Kind lebt! Wenn Sie keine Freude oder Zuversicht fühlen, erklären Sie dies: »Ich bin im Moment so gelähmt, ich weiß gar nicht, was ich fühle. Das ist bestimmt schwer für dich. Aber auch wenn ich es dir nicht so oft zeigen kann, bin ich sehr froh, dass du da bist, und wir werden gemeinsam einen Weg finden!«
- Holen Sie Hilfe, wenn Sie überfordert sind (und das ist bestimmt der Fall, wenn Sie selbst trauern). Sie brauchen Beistand: von Freunden, Verwandten und/oder Experten.

Noch ein Wort zur Frage, ob das Kind am Begräbnis teilnehmen sollte. Grundsätzlich sollte dies ermöglicht werden. Viele Erwachsene berichten mit größtem Schmerz davon, dass es ihnen als Kind verwehrt wurde, von einem verstorbenen Elternteil Abschied zu nehmen. Wenn die Kinder sich allerdings wehren und nicht mitwollen, dann erlauben Sie ihnen auch das. Sorgen Sie dafür, dass während des Begräbnisses ein Erwachsener dem Kind beisteht! Erlauben Sie dem Kind, den Gottesdienst oder das Begräbnis frühzeitig zu verlassen. Erklären Sie in jedem Fall vorher genau, was zu erwarten ist. Wie wird der Tag ablaufen, wie werden die Menschen gekleidet sein, was werden sie zu den Angehörigen sagen? Ermuntern Sie das Kind, einen symbolischen Gegenstand des oder der Verstorbenen als Andenken an sich zu nehmen. Regen Sie an, dass es der geliebten Person einen Brief schreibt, ein Bild malt oder etwas erzählt. Eine Familie, die gemeinsam trauert, kann große Stärken und eine sehr intensive Liebe und Verbundenheit entwickeln.

Zum Abschluss

Dieses Buch hat Sie ein kleines Stück auf Ihrem schwierigen Weg begleitet. Ich hoffe sehr, dass es Ihnen geholfen hat, Ihre Gefühle zu bewältigen. Bestimmt wäre die geliebte Person, der Sie dieses Buch gewidmet haben, bewegt und erfreut darüber, auf solch innige Weise geliebt und erinnert zu werden. Wenn Sie das Gefühl haben, dass das Schreiben alleine nicht ausgereicht hat, dann möchte ich Ihnen empfehlen, zumindest einzelne Passagen der geliebten Person (am Grab oder vor einer Fotografie) laut vorzulesen. Noch besser: Lesen Sie bestimmte Teile anderen Menschen vor! Hören Sie nicht auf, Ihrer Trauer Ausdruck zu verleihen! Vielleicht hat dieses Buch Ihnen Wege gezeigt, die für Sie heilsam und richtig sind, sei es durch Schreiben, Reden, Malen, Musizieren oder indem Sie anderen helfen.

Ich wünsche Ihnen Kraft und Mut, Ihren Weg fortzusetzen und die Liebe zum Leben neu zu entdecken. Es würde mich freuen, wenn dieses Buch einen Teil dazu beitragen und Ihnen Trost und Unterstützung bieten konnte.

Jo Eckardt

Über die Autorin

JO ECKARDT, geboren 1961 in Frankfurt/Main, machte in Bonn ihr Abitur und studierte anschließend Germanistik und Sozialarbeit in den USA. Von 1984 bis 2001 war sie als Dozentin, Übersetzerin, Psychotherapeutin und Psychoanalytikerin in New York tätig; seither lebt sie wieder in Deutschland und arbeitet als Autorin, Erzieherin und Unternehmerin.

Jo Eckardt hat im Kontext Trauer und Trauma vielfach und erfolgreich publiziert.

Sie lebt mit ihrer Familie in Berlin.

Wichtiger Hinweis:
Die Informationen und Ratschläge in diesem Buch wurden mit größter Sorgfalt durch Autorin und Verlag erarbeitet und geprüft. Alle Leserinnen und Leser sind jedoch aufgefordert, selbst zu entscheiden, ob und inwieweit sie die Anregungen in diesem Buch umsetzen wollen. Eine Haftung der Autorin beziehungsweise des Verlags für Personen-, Sach- oder Vermögensschäden ist ausgeschlossen.

Der Umwelt zuliebe

- produzieren wir zu über 90 % in Deutschland
- achten wir auf kurze Transportwege
- drucken wir auf Papier aus nachhaltiger Waldwirtschaft und anderen kontrollierten Quellen

Umschlaggestaltung und Motiv: Hauptmann & Kompanie Werbeagentur, Zürich
Layout & Satz: Margarita Maiseyeva
Druck & Bindung: CPI, Leck
ISBN 978-3-95803-576-8

Scorpio-Newsletter:
Mehr zu unseren Büchern und Autoren kostenlos per E-Mail!
www.scorpio-verlag.de